TRAITÉ DES PERSONNES,

OU

DROIT DES GENS.

Imp. de J.-P. FROMENT, à Toulouse, rue des Gestes, 6.

TRAITÉ
DES PERSONNES,

OU

DROIT DES GENS,

PAR

M. GUILLAUME DECAMPS,

AVOCAT A LA COUR ROYALE DE TOULOUSE, L'UN DES FONDATEURS DE LA BIBLIOTHÈQUE DE DROIT DE L'ORDRE DES AVOCATS PRÈS CETTE COUR, AUTEUR DE PLUSIEURS OUVRAGES DE DROIT, ET ANCIEN MEMBRE DU CONGRÈS SCIENTIFIQUE DE FRANCE.

PARIS,

Au dépôt des lois, ancienne librairie Rondonneau,

CHEZ GUSTAVE PISSIN, LIBRAIRE-ÉDITEUR,

Place du Palais de Justice, 1.

18[illegible]3

AVERTISSEMENT.

Nous faisons précéder le TRAITÉ DES PERSONNES d'une dissertation sur le Créateur et l'existence des humains, afin d'être fixés sur la nature des hommes avant de leur donner des lois. L'on voit par conséquent que nous n'avons pensé qu'au bien public; aussi nous présentons l'homme de nature que nous suivons jusques dans ses liens de famille ; de là les premiers peuples qui formèrent des états ou des nations pour avoir des gouvernements qui, animés de cette philosophie qui perfectionne le genre humain, donne aux sociétés civiles les preuves de sagesse et de conduite exemplaire.

Notre ouvrage est divisé par titres et chapitres pour que chaque matière puisse être à la portée de tout le monde ; mais ce qui en fait le principal objet est l'état moral et social des hommes qui dépend, tout à la fois, de leur âge et de leur condition. Ils sont régis, soit par la loi naturelle, soit par la loi civile, voilà ce que nous appellons DROIT DES GENS; comme la connaissance de ce droit est nécessaire à toutes les PERSONNES, pour se gouverner et administrer ses biens ou affaires, nous avons porté toute notre attention sur l'âge auquel l'homme qui habite le territoire français, *peut faire les actes de la vie civile;* de là dépend sa *capacité* qui est le principal mobile, pour qu'il puisse se prévaloir des constitutions et des lois françaises d'où dérivent nos codes qui forment notre législation.

Nous rapportons des notes sur toutes les parties du droit, appuyées de la jurisprudence et des autorités les plus respectables, pour corroborer les principes du législateur et confirmer notre opinion.

Enfin, on trouve dans l'ensemble de notre traité tout ce qui peut fixer l'esprit sur la science législative et sur les maximes du droit *naturel*, de la *morale* et de la *justice*, en sorte que les hommes qui seront animés de cette intelligence qui doit les caractériser, pourront se mettre au-dessus des événements par leur fermeté à s'affranchir des préjugés, au point de tarir toutes contestations parmi eux, car l'union et la concorde font l'ornement de la société; aussi, nous pensons que lorsque les parties, les défenseurs et les magistrats connaîtront ce que renferme cet ouvrage, ils ne pourront s'empêcher de comprendre les grands avantages qui doivent en résulter et, sans doute, il s'en suivra, comme dit DAMIS dans la métromanie, que:

L'antre de la CHICANE et sa barbare voix,
Ne dégraderont plus l'éloquence et les lois.

DISSERTATION.

Quiconque écrit est fait pour essuyer les traits de la malice.

(Henriade, p. IX.)

Du Créateur.

Nous devons admettre de toute nécessité, qu'il y a un être suprême, subsistant par lui-même ; or, cet être est ce que nous nommons Dieu, qui est le souverain *créateur*. Les autres êtres qui ont la raison de leur existence dans le premier, doivent se nommer *créatures* ; ceux-ci sont composés de deux substances, l'une qu'on appelle *âme*, dont l'essence nous est aussi inconnue que celle de Dieu, mais qui se manifeste par ses opérations, comme Dieu par ses œuvres ; l'autre, connue sous le nom de *corps*, qui se manifeste par son activité et les mouvements de sa corpulence : c'est de l'existence de ces êtres que nous allons nous occuper, en consultant le grand livre de la nature.

§ Ier. — *De l'existence humaine.*

L'ordre de la nature demande que le corps soit soumis à l'*âme ;* aussi, Adam qui avait ce *principe de vie*, étant le premier homme, qui reçut en naissant un penchant qui le porta vers *Dieu*, et une lumière qui lui fit connaître que Dieu seul pouvait le rendre heureux, avait des mouvements qui s'excitaient dans son corps, par suite de l'institution divine, en sorte que les impressions qu'il ressentait, ne l'empêchaient point d'aimer. Aussi, Dieu lui donna une compagne formée de son propre corps, qui lui fit perdre l'empire qu'il avait sur ses sens; EVE fut cette compagne qui excita en lui les plaisirs qui le portèrent vers les objets sensibles, et l'âme que le Créateur unit au corps humain, exerça son action dans le sein d'*Eve*, en lui faisant éprouver toutes les impressions du sentiment attribué aux hommes; de là, *l'existence du genre humain.*

Comme l'existence est totalement opposée au néant, quelle notion les hommes ont-ils dans l'esprit lorsqu'ils prononcent ce mot *existence ?* On peut dire que cette proposition n'est susceptible ni de preuve ni de doute, puisque cette existence se donne par la naissance; mais nous dirons qu'elle présente l'idée des connaissances humaines, et que l'homme a su voir, avant d'apprendre à raisonner et à parler. Inutile donc de nous occuper de son état d'enfance; mais aussi, je le vois dans quelque instant que je le prenne, ou plutôt, je me sens moi-même assailli par une foule de sensations et d'images que chacun de mes sens m'apporte, et dont l'assemblage me présente un monde d'objets distincts les uns des autres. La nature opère devant moi sur un espace indéterminé; je vois des chaînes de montagnes sous toutes les formes de l'horreur, des masses de rochers et de glaces suspendus sur la tête du voyageur, des abîmes sans fond et des torrents qui se précipitent avec un bruit effrayant; mais plus j'avance, en découvrant la plaine, la nature se montre sous les formes les plus agréables : partout la terre est couverte de fruits en abondance, et j'aperçois dans divers lieux des vallons où serpentent des ruisseaux, dont les eaux servent à désaltérer le voyageur; je suis errant, et les sensations de froid ou de chaleur que je reçois par les sens, me paraissent comme dispersées çà et là, en formant des impressions sur moi très-différentes. Enfin, le goût me paraît d'un sentiment exquis des beautés de l'univers, qui me fait éprouver encore des sensations locales.

L'homme, dans quelque lieu qu'il habite, pour aider son existence, a besoin de l'entendement, voilà pourquoi il a créé la logique, ce qui comprend l'art de penser et de communiquer sa pensée par des gestes ou par des sons articulés, même par des caractères tracés. Les sons articulés sont le langage de la parole ; la parole est un don de *Dieu*, comme tous les autres biens de la nature, tels que le raisonnement, la mémoire, l'imagination, etc. etc. Ainsi la nature a donné à la voix une étendue qui en varie le son à l'infini pour nous faire comprendre, et qui sert à exprimer par le langage qui a fait naître les mots, toute notre pensée et nos désirs.

C'est *Dieu* qui a donné l'intelligence aux humains, pour discerner le bien et le mal ; que tous les hommes lui adressent donc des prières et des actions de grâce : seule communication possible entre la terre et le ciel.

Aussi, *Dieu* en créant l'homme, lui a donné, par un effet de sa bonté et de sa bienfaisance, l'usage des biens que la terre produit. Il a voulu que cette terre fût habitée par ses descendants, qui, tous sortis de la même tige, doivent se regarder comme composant une grande famille dont les différentes branches sont répandues dans toutes les parties du monde ; il faut donc que les hommes s'aident mutuellement pour leur conservation : d'ailleurs, ils se plaisent à vivre avec leurs semblables et ils y sont portés par un mouvement naturel qui subsiste tant qu'il n'est pas altéré par quelque passion qui les divise ; ainsi Dieu a destiné l'homme à vivre en société (1).

(1) Voyez le paragraphe 6.

Mais la vie sociale se complique, les nationalités se heurtent, les événements surgissent, et avec eux la narration, tôt ou tard dans l'existence d'un peuple, comme dans celle d'un individu; aussi, il se produit des faits immenses, décisifs et générateurs des destinées à venir. Nous voyons en effet des ÊTRES se succéder comme nos pensées, et tant que nous sommes un des termes auquel se rapportent toutes les autres parties du monde par une chaîne de relations dont nos idées présentes sont le témoin, les objets *existent;* de là, la conséquence que l'*existence* est *passée, présente* ou *future,* suivant qu'elle est rapportée par nos jugements, à différents points de la durée.

§ II. — *L'homme de la nature.*

L'homme ne doit point s'arrêter à regarder simplement les objets qui l'environnent; qu'il contemple la *nature entière* dans sa haute et pleine majesté; qu'il considère cette éclatante lumière, mise comme une lampe éternelle pour éclairer l'univers; que la terre lui paraisse comme un point auprès du vaste tour que cet astre décrit, et qu'il s'étonne de ce que ce vaste tour n'est lui-même qu'un point très-délicat, à l'égard de celui que les astres qui roulent dans le firmament embrassent.

Partout, les hommes naissent avec les mêmes besoins et le même désir de se satisfaire; ils sont les mêmes au berceau, et s'ils diffèrent entr'eux, c'est lorsqu'ils entrent plus avant dans la carrière de la vie. Mais nous allons prendre l'homme dans l'état de NATURE, où il a vu pour la première fois une multitude d'êtres destinés à s'entre-dévorer, et auxquels il fait la chasse, étant lui-même répandu sur la terre, dans de vastes forêts; habitué au meurtre comme chasseur, il doit être sourd au cri de la pitié ; si le cerf aux abois l'émeut, si ses larmes font couler les siennes, ce spectacle si touchant par sa nouveauté est agréable au sauvage, que l'habitude y endurcit, et doit convenir à l'homme.

Mais, plus rapprochés les uns des autres par le nombre, et forcés de trouver leur nourriture dans un plus petit espace, le besoin fait l'homme *pasteur*. Plus multipliés encore, il devient *cultivateur*, et dans toutes ces diverses positions, il est le destructeur-né des animaux, soit pour se repaître de leur chair, soit pour défendre contre eux le bétail, les fruits, les grains et les légumes nécessaires à sa subsistance.

Nous pourrions multiplier à l'infini les différents coups-d'œil sous lesquels l'homme peut se considérer ; il se lie par sa curiosité, par ses travaux et par ses besoins à toutes les parties de la NATURE ; il n'y a rien qu'on ne puisse lui rapporter ; on le verra, s'appliquant à connaître les êtres qui l'environnent, ou travaillant à les tourner à son usage. Enfin, l'homme ne doit point se borner à veiller à sa conservation : ses lumières lui feront trouver dans la NATURE tout ce qu'il faut pour ses besoins et ses plaisirs ; il peut s'élever par ses réflexions jusqu'à la DIVINITÉ, puisqu'il ne s'est point contenté de vivre sur la terre, et qu'il se l'est appropriée pour en faire son domaine ; mais, qu'il n'oublie jamais que tout change, que tout s'altère et que tout périt.

§ III. — *Les premiers liens des familles.*

L'universalité des choses créées dans l'ordre de la NATURE, a nécessité les *premiers liens des familles.* L'homme et la femme cohabitaient ensemble sans nulle cérémonie, et lorsqu'ils ne pouvaient plus supporter le poids de leurs chaînes, ils se séparaient; d'ailleurs, la femme n'était qu'une chose dont le mari avait la propriété, et sur laquelle il avait le droit de vie et de mort (1).

Nous disons le mari, parce qu'il suffisait d'être uni à une femme par consentement mutuel, pour que le lien conjugal existât; mais ce lien fut mis au-dessus des caprices de l'homme par le catholicisme, qui le qualifia de sacrement de mariage, comme étant d'institution divine. En effet, c'est une union sacrée entre l'homme et la femme, qui renferme ce qu'il y a de plus saint et de plus inviolable dans la nature, quoique la perversité du cœur humain nous prouve que cette institution est vicieuse, ce qui autorisa le divorce chez les romains, et qui fut établi en France sous l'empire, dans l'intérêt de la société civile. Néanmoins, l'église prépare le mariage, les prières le confirment, et la bénédiction en devient le sceau. Comme le mariage est un contrat civil, nous en parlerons au titre concernant cette matière.

L'homme qui avait des enfants était, comme aujourd'hui, le chef de sa famille; c'est lui qui les gouvernait de la manière qu'il jugeait convenable; mais la population se multipliant, des hommes se levèrent, des sociétés se formèrent, et des aptitudes intellectuelles les dirigèrent vers une série de travaux; les arts furent trouvés, il y eut échange d'occupations, et cette population s'étant considérablement accrue, des différends survinrent, et l'autorité fut dévolue de plein droit aux plus anciens, comme étant pénétrés des idées et des principes de sagesse que la nature et la raison leur avaient fournis.

L'écriture sainte nous offre de nombreux exemples de

(1) Voyez la revue de législation et de jurisprudence, tome 4, pages 360 et 373 de la 14e collection.

cette autorité de nos pères; l'idée en est exprimée par le nom d'ABIMÉLECH, ce qui signifie en hébreu, *mon père roi.* Voilà un des premiers souverains dont il soit fait mention.

§ IV. — *Gouvernement des premiers peuples.*

Dieu qui est la source et l'unique auteur de toute puissance, qui la renferme seul dans une plénitude aussi immense que la perfection de son être, a voulu que tous les hommes eussent part au choix de ceux qui seraient appelés à gouverner ; et comme l'état de l'homme dans cette vie rend un gouvernement absolument nécessaire, c'est à lui à l'établir; ainsi, celui ou ceux qui sont appelés à la suprême puissance, doivent être regardés comme les ministres de Dieu,

Il faut convenir que la nécessité d'un pouvoir suprême a été dictée aux hommes par la raison, et comme il est rare d'en trouver qui possèdent cette étendue de génie et cette attention profonde, qui fait aller au-devant des maux par une prévoyance salutaire, le choix doit dépendre de la volonté et de l'inclination de chacun des peuples qui forment ces grandes sociétés qu'on appelle une nation.

Nous dirons que l'expérience a fait reconnaître aux hommes, qu'il était indispensable de s'unir les uns aux autres, et d'affermir leur union par l'autorité d'un bon gouvernement, en se donnant un maître; en sorte que l'autorité qui est établie dans chaque état ou chaque nation, doit sa naissance à la volonté de ceux qui s'y sont soumis; car l'histoire nous apprend, que la forme originaire des gouvernements était monarchique, et que les souverains ont dû leur élévation aux services qu'ils avaient rendus à la société. La nature de cette monarchie consiste en ce que le monarque ou souverain qu'on appelle *roi* ou *empereur*, est la source de tout pouvoir politique et civil.

Néanmoins, les gouvernements monarchiques n'ont pas toujours existé; car diverses nations sont encore gouvernées par une *république*, c'est-à-dire que le peuple en corps, a la souveraine puissance, ce qui ne peut exister que dans un petit territoire, parce que dans une grande *république* il y a de grandes fortunes, et par conséquent peu de modération dans les esprits; en outre, le bien commun est sacrifié à mille considérations, et dépend des accidents.

Mais, on doit se former des idées du peuple toutes différentes dans divers lieux pour la nature des gouvernements; car les Grecs et les Romains qui se connaissaient en hommes, fesaient un grand cas des peuples. Autrefois, en France, le peuple était regardé comme la partie la plus utile, la plus précieuse, et par conséquent la plus respectable de la nation; dès-lors, il est très-nécessaire d'observer que le même gouvernement ne convient pas à tous les peuples; la forme doit dépendre infiniment des localités, à raison des climats, ainsi que de l'esprit, du génie et du caractère des nations.

Jetez donc un coup-d'œil sur l'univers, et vous verrez les nations séparées entr'elles; les sociétés particulières former des cercles plus étroits, les familles encore plus resserrées, et nos vœux, toujours circonscrits par nos intérêts finissent pour n'avoir d'objet que nous-mêmes. On ne peut raisonnablement attendre de l'attachement de la part des hommes, qu'autant qu'on leur est utile; car la nature ne nous a donné que des besoins; il semble donc qu'une paix profonde dût régner parmi nous, et que la paresse qui est naturelle aux hommes, paraîtrait encore devoir la cimenter. Le repos, ce partage réservé aux Dieux, est l'objet éloigné que se proposent tous les hommes, et chacun envisage la facilité d'être heureux sans peine, comme le privilége de ceux qui se distinguent; de là, naît un désir inquiet qui éveille l'homme et le tourmente au point que si les passions ne l'enlèvent pas aux mouvements de là nature, il cédera à une sensibilité précieuse qui est la source de toutes les vertus, et qui peut être celle d'un bonheur constant.

§ V. — *De l'homme philosophe.*

C'est par la fermeté et l'élévation de son esprit, que l'homme philosophe est maître de ses passions et s'affranchit des préjugés; les préjugés sont des idoles de l'âme, qui viennent ou de la nature de l'entendement, qui donne à tous une existence intellectuelle, ou de la préoccupation du jugement, qui tire son origine tantôt de l'obscurité des idées, tantôt de la diversité des impressions, fondée sur la disposition des sens, et tantôt de l'influence des passions toujours mobiles et changeantes.

Nous ne pouvons donner qu'une simple idée de la *philosophie ;* car s'il nous fallait tracer tous les divers sentiments qui nous sont inspirés à cet égard, notre volume ne suffirait pas. Néanmoins, nous dirons que PHILOSOPHER, est donner la raison des choses, ou du moins la chercher; tant qu'on se borne à voir et à rapporter ce qu'on voit, on n'est qu'historien; quand on calcule et mesure les proportions des choses, leurs grandeurs, leurs valeurs, on est mathématicien; mais celui qui s'arrête à découvrir la *raison* pour en tirer de légitimes conséquences, et qui fait que les choses sont, qu'elles sont plutôt ainsi que d'une autre manière : c'est le PHILOSOPHE *proprement dit.*

Par conséquent, le philosophe ne doit rien admettre sans

preuve; il n'acquiesce point à des notions trompeuses; il doit poser exactement les limites du certain, du probable et du douteux; il ne doit rien expliquer par des qualités occultes, qui ne sont autre chose que l'effet même transformé en cause; il faut qu'il aime mieux faire l'aveu de son ignorance, toutes les fois que le raisonnement et l'expérience ne sauraient le conduire à la véritable raison des choses; il ne doit se rendre qu'à la conviction qui naît de l'évidence.

L'ignorance, la précipitation, l'orgueil, la jalousie, ont enfanté des monstres bien flétrissants pour la philosophie, qui ont détourné les uns de l'étudier, et jeté les autres dans un doute universel. Mais les travers de l'esprit humain n'ont pas empêché la philosophie de recevoir des accroissements considérables, et de tendre à la perfection dont elle est susceptible. Les anciens ont dit d'excellentes choses, surtout sur les devoirs de la morale, et même sur ce que l'homme doit à *Dieu;* et s'ils n'ont pu arriver à la belle idée qu'ils se formaient de la sagesse, ils ont, au moins, la gloire de l'avoir conçue, et d'en avoir tenté l'épreuve. Elle devint, donc entre leurs mains une science pratique, qui embrassait les vérités divines et humaines : c'est-à-dire, tout ce que l'entendement est capable de découvrir au sujet de la Divinité, et tout ce qui peut contribuer au bonheur de la société; mais comme la science de la philosophie ne sera jamais complète, l'homme n'en est pas moins louable d'étudier le grand livre de la nature, pour y chercher les preuves de la sagesse, et de toutes les perfections de son auteur.

§ VI. — *Des prérogatives de la liberté de l'homme.*

La *liberté* est l'état de celui qui est naturellement libre, et ne dépend que des lois ; c'est la faculté la plus précieuse dont l'homme puisse jouir ; c'est la royauté de soi-même ; mais elle doit avoir de sages limites, pour ne pas dégénérer en licence ou anarchie.

Nous aurions un vaste champ à décrire, pour prouver que la *liberté* est une prérogative réelle de l'homme ; mais nous allons nous borner à dire que le pouvoir qu'il a, de faire ce qu'il veut, dans l'état primitif de nature, dépend de sa propre détermination, et quoique les hommes soient dans l'indépendance, les uns à l'égard des autres, et qu'ils puissent disposer de leur personne et de leurs biens, néanmoins, ils doivent le faire dans les termes de la *loi naturelle*, qui est la règle de la liberté et de la *loi civile*, qui est la mesure de leurs actions : autrement, ils s'exposent à se voir ravir cette *liberté*, qui leur accorde tant de franchises et d'exemptions. Qu'on nous permette donc de dire, comme VOLTAIRE, à l'homme qui viendra se plaindre de sa captivité :

> *La* LIBERTÉ *dis-tu, c'est quelquefois ravie ;*
> Dieu te la devait-il immuable, infinie ?

Mais il y a encore chez l'homme une autre liberté : c'est la *liberté morale*, qui est une faculté que nous portons dans les jugements, sur la vérité et l'évidence, ce qui entraîne notre consentement ; dès-lors, nous devons suivre les lumières de la raison, pour appliquer notre esprit, ou l'éloigner de cette *liberté*, qui varie et se règle sur les degrés de clarté ou d'obscurité que nous avons d'une chose. Ainsi les biens et les maux doivent en être les principaux objets, à raison de l'ignorance où l'on est de leur existence, ce qui fait le principe de notre indépendance.

C'est ainsi, que nous avons envisagé la *liberté réelle* de

l'homme, et la *liberté morale*, qu'il doit se former dans son esprit; il faut donc demeurer d'accord, que l'autorité, que les lois ont sur les hommes, et les peines qu'elles établissent, ne diminuent point leur *liberté*, parce que tout ce qui est contraire à ces lois, doit être regardé par l'homme de probité, comme impossible.

§ VII. — *De la société morale* (1) *et de la justice.*

Les hommes sont faits pour vivre en *société;* si l'intention de Dieu eut été que chaque homme vécut seul et séparé des autres, il aurait donné à chacun d'eux des qualités propres et suffisantes, pour ce genre de vie solitaire. S'il n'a pas suivi cette route, c'est apparemment parce qu'il a voulu que les liens du sang et de la naissance, commençassent à former entre les hommes cette union plus étendue qu'il voulait établir entre eux. La plupart des facultés de l'homme, ses inclinations naturelles, sa faiblesse, ses besoins sont autant de preuves certaines de cette intention du Créateur; telle est, en effet, la nature et la constitution de l'homme, que hors de la *société*, il ne saurait, ni conserver sa vie, ni développer et perfectionner ses facultés et ses talents, pour se procurer un vrai et solide bonheur.

C'est donc dans la *société* que l'homme trouve le remède à la plupart de ses besoins, et l'occasion d'exercer la plupart de ses affections; c'est là, surtout, qu'il peut éprouver et manifester ses sentiments auxquels la nature a attaché tant de douceur, la bienveillance, l'amitié, la compassion, la générosité; car tel est le charme de ces affections *sociales;* que de là, naissent nos plaisirs les plus purs. Rien en effet

(1) *Voyez* Droit Naturel, 1re section du titre préliminaire.

de si satisfaisant ni de si flatteur, que de penser que l'on mérite l'estime et l'amitié d'autrui ; la science acquiert un nouveau prix quand elle peut se produire au-dehors, et jamais la joie n'est plus vive, que lorsqu'on peut la faire éclater aux yeux des autres, ou la répandre dans le sein d'un ami.

Aussi, les moralistes ont donné à ce genre de bienveillance qui doit se développer dans tous les cœurs des hommes, le nom de *sociabilité ;* c'est de ce principe que doivent découler comme de leur source, toutes les lois de la *société*, et tous nos devoirs envers les autres hommes. On sait que la science nous prescrit une sage conduite, et que les moyens d'y conformer nos actions, est la *morale ;* c'est une connaissance proportionnée à la capacité naturelle des hommes, et d'où dépend leur plus grand intérêt ; elle porte donc avec elle les preuves de son prix. Tel est en effet le fondement de toute la sagesse humaine, la source de toutes les vertus purement naturelles, et le principe de cette *morale*, qui doit conserver l'harmonie de la société civile.

Enfin, nous n'en finirions point, si nous voulions entrer dans tous les détails des devoirs que prescrit cette *morale*, et dont l'observation est nécessaire ; car les tentations fortes et fréquentes, les moyens obscurs et secrets qu'on a de les violer, le faible obstacle que l'infliction des peines ordonnées par les lois, oppose à l'infraction de plusieurs de ces devoirs. Tous ces défauts, toutes ces imperfections inséparables de la nature, de la *société même*, démontrent la nécessité d'y ajouter la force de quelque autre pouvoir, capable d'avoir assez d'influence sur l'esprit des hommes, pour maintenir la *société*, et l'empêcher de retomber dans la confusion et le désordre, puisque la crainte du mal et l'espérance du bien, qui sont les deux grands ressorts de la nature, ne suffisent point pour faire observer les lois; il s'ensuit, donc, que l'autorité est nécessaire pour gouverner les hommes par une bonne législation, basée sur les principes de la morale et de la justice, afin de les rendre heureux.

Personne ne doit ignorer que la *justice* est une vertu qui nous fait rendre à Dieu, à nous-mêmes et aux autres hommes, ce qui leur est dû. Elle comprend tous nos devoirs; c'est un sentiment d'équité qui fait agir avec droiture, surtout dans ce que les hommes ont de plus cher; savoir : la *vie*, l'*honneur* et les *biens*.

Nous terminons ici notre dissertation, parce que tous les hommes sont compris dans le *Traité des Personnes*, ou *Droit des Gens*, qui fait l'objet de cet ouvrage, et dont les maximes du droit tracent la conduite et la règle de leurs actions; aussi, nous désirons que les principes que nous venons de développer, soient suffisants pour qu'ils trouvent dans leur cœur la loi de la reconnaissance; car il existe parmi nous un vieil *adage*, qu'un bienfait n'est jamais perdu; il trouve tôt ou tard sa récompense.

TRAITÉ
DES PERSONNES,

OU

DROIT DES GENS.

L'ignorance de ses devoirs n'est pas un motif d'excuse.
(Merlin, Rep. V. igno.)

TITRE PRÉLIMINAIRE.

Ce qu'on entend par personnes ou droit des gens, en général.

Tout être de raison vivant et intelligent est une *personne*; c'est un homme ou une femme, ce qui entre dans la dénomination de *gens*. Par conséquent, nous devons faire connaître les droits attachés aux personnes ou aux gens qui dépendent tout à la fois de leur état moral et social, de leur âge et condition; aussi, quand nous parlerons des hommes, ce sera comme si nous parlions des deux sexes; les droits sont les mêmes, à moins qu'il soit fait exception par la loi.

Ainsi, la loi veut que tout homme qui se trouve sur le

territoire français, même momentanément, soit soumis aux lois françaises; elles le protégent; il doit leur obéir. De là, la nécessité d'exposer les droits naturels, inaliénables et sacrés de l'homme, que nous trouvons dans les constitutions de 1791 et de l'an 3, dont nous rapportons les dispositions.

CONSTITUTIONS DES FRANÇAIS.

Du 3-14 septembre 1791, sur le droit des hommes et du citoyen.

ART. 1er. Les hommes naissent et demeurent libres et égaux en droits; les distinctions sociales ne peuvent être fondées que sur l'utilité commune.

ART. 2. Le but de toute association politique est la conservation des droits naturels et imprescriptibles de l'homme; ces droits sont : la liberté, la propriété, la sûreté et la résistance à l'oppression.

ART. 3. Le principe de toute souveraineté réside essentiellement dans la nation. Nul corps, nul individu ne peut exercer d'autorité qui n'en émane expressément.

ART. 4. La liberté consiste à pouvoir faire tout ce qui ne nuit pas à autrui; ainsi l'exercice des droits naturels de chaque homme, n'a de bornes que celles qui assurent aux autres membres de la société la jouissance de ces mêmes droits; ces bornes ne peuvent être déterminées que par la loi.

ART. 5. La loi n'a le droit de défendre que les actions nuisibles à la société, tout ce qui n'est pas défendu par la loi ne peut être empêché, et nul ne peut être contraint à faire ce qu'elle n'ordonne pas.

Cette constitution qui est suivie d'autres dispositions,

pour manifester l'expression de la volonté générale du peuple, sur la manière du gouvernement, ne nous a pas paru nécessaire d'être rapportée plus au long; mais nous trouvons dans la constitution du 24 juin 1793, des sentiments bien expressifs; elle dit que le peuple français, convaincu que l'oubli et le mépris des droits naturels de l'homme, sont les seules causes des malheurs du monde, a résolu d'exposer dans une déclaration solennelle ces droits sacrés et inaliénables, afin que tous les citoyens, pouvant comparer sans cesse les actes du gouvernement avec le but de toute institution sociale, ne se laissent jamais opprimer et avilir par la tyrannie, et que le peuple ait toujours devant les yeux les bases de sa liberté et de son bonheur.

CONSTITUTION DU 24 JUIN 1793.

Art. 1er. Le but de la société est le bonheur commun. Le gouvernement est institué pour garantir à l'homme la jouissance de ses droits naturels et imprescriptibles.

Art. 2. Ces droits sont l'égalité, la liberré, la sûreté et la propriété.

Art. 3. Tous les hommes sont égaux par la nature et devant la loi.

Art. 4. La loi est l'expression libre et solennelle de la volonté générale; elle est la même pour tous, soit qu'elle protège, soit qu'elle punisse; elle ne peut ordonner que ce qui est juste et utile à la société; elle ne peut défendre que ce qui lui est nuisible.

Art. 5. Tous les citoyens sont également admissibles aux emplois publics; les peuples libres ne connaissent d'autres motifs de préférence dans leurs élections, que les VERTUS et les TALENTS.

ART. 6. La liberté est le pouvoir qui appartient à l'homme, de faire tout ce qui ne nuit pas aux droits d'autrui ; elle a pour principe, la *nature*, pour règle, la *justice*, pour sauvegarde, la *loi*. Sa limite morale est dans cette maxime : NE FAIS PAS A UN AUTRE, CE QUE TU NE VEUX PAS QU'IL TE SOIT FAIT.

Une série d'articles règlent la forme du gouvernement d'alors, ce qu'il n'est pas utile de rapporter. Mais une autre constitution de l'an 3, nous fait connaître l'importance des *droits* et des *devoirs* de l'homme et du citoyen, qui a été arrêtée par la convention nationale, et acceptée par le peuple. Nous allons faire connaître l'expression des sentiments qu'elle retrace.

ACTE DES CONSTITUTIONS.

Du 5 fructidor an 3, proclamé loi du peuple Français le 1er vendémiaire an IV.

Des droits et des devoirs de l'homme et du citoyen.

Le peuple français proclame en présence de l'*Être-Suprême*, la déclaration suivante des droits et des devoirs de l'homme et du citoyen.

DROITS.

ART. 1er. Les droits de l'homme en société, sont la liberté, l'égalité, la sûreté, la propriété.

ART. 2. La liberté consiste à pouvoir faire ce qui ne nuit pas aux droits d'autrui.

Art. 3. L'égalité consiste en ce que la loi est la même pour tous, soit qu'elle protège, soit qu'elle punisse; l'égalité n'admet aucune distinction de naissance, aucune hérédité de pouvoirs.

Art. 4. La sûreté résulte du concours de tous, pour assurer les droits de chăcun.

Art. 5. La propriété est le droit de jouir et de disposer de ses biens, de ses revenus, du fruit de son travail et de son industrie.

Art. 6. La loi est la volonté générale, exprimée par la majorité, ou des citoyens ou de leurs représentants.

Art. 7. Ce qui n'est pas défendu par la loi ne peut être empêché ; nul ne peut être contraint à faire ce qu'elle n'ordonne pas.

Art. 8. Nul ne peut être appelé en justice, accusé, arrêté ni détenu, que dans les cas déterminés par la loi, et selon les formes qu'elle a prescrites.

Art. 9. Ceux qui sollicitent, expédient, signent, exécutent ou font exécuter des actes arbitraires, sont coupables et doivent être punis.

Art. 10. Toute rigueur qui ne serait pas nécessaire pour s'assurer de la personne d'un prévenu, doit être sévèrement réprimée par la loi.

Art. 11. Nul ne peut être jugé qu'après avoir été entendu ou légalement appelé.

Art. 12. La loi ne doit décérner que des peines strictement nécessaires et proportionnées au délit.

Art. 13. Tout traitement qui aggrave la peine déterminée par la loi, est un crime.

Art. 14. Aucune loi, ni criminelle, ni civile, ne peut avoir d'effet rétroactif.

Art. 15. Tout homme peut engager son temps et ses services, mais il ne peut se vendre ni être vendu ; sa personne n'est pas une propriété aliénable.

DEVOIRS.

Art. 1er. La déclaration des droits contient les obligations des législateurs; le maintien de la société demande que ceux qui la composent connaissent et remplissent également leurs *devoirs*.

Art. 2. Tous les *devoirs* de l'homme et du citoyen dérivent de ces deux principes gravés par la nature dans tous les cœurs : Ne faites pas à autrui ce que vous ne voudriez pas qu'on vous fît. Faites constamment aux autres le bien que vous voudriez en recevoir.

Art. 3. Les obligations de chacun envers la société consistent à la défendre, à la servir, à vivre soumis aux lois, et à respecter ceux qui en sont les organes.

Art. 4. Nul n'est bon citoyen, s'il n'est bon fils, bon père, bon frère, bon ami et bon époux.

Art. 5. Nul n'est homme de bien, s'il n'est franchement et religieusement observateur des lois.

Art. 6. Celui qui viole ouvertement les lois, se déclare en état de guerre avec la société.

Art. 7. Celui qui, sans enfreindre ouvertement les lois, les élude par ruse ou par adresse, blesse les intérêts de tous; il se rend indigne de leur bienveillance et de leur estime.

Art. 8. C'est sur le maintien des propriétés que reposent la culture des terres, toutes les productions, tout moyen de travail, et tout l'ordre social.

Art. 9. Tout citoyen doit ses services à la patrie et au

maintien de la liberté, de l'égalité et de la propriété, toutes les fois que la loi l'appelle à les défendre.

La suite de cet acte des constitutions est un vrai code qui établit tous les autres droits et devoirs des citoyens, qui se trouvent réglés aujourd'hui par notre code civil; néanmoins les hommes ne peuvent que gagner à connaître les dispositions des deux constitutions que nous venons de rapporter, dans l'intérêt général de la société.

Il est de principe que les lois concernant l'état et la capacité des *personnes*, régissent les Français résidant même en pays étranger (1), parce que le statut personnel emporte avec lui le cachet de la nationalité; il s'attache à la personne, et nul Français en pays étranger ne peut se dérober à l'effet de la loi, qui règle son état et sa capacité dans ses diverses positions; il en serait autrement s'il perdait sa qualité de français.

Ainsi, pour bien se conduire dans la société, l'homme doit puiser dans les règles et les connaissances que lui suggère la raison dont il a été doué par la divine providence et par les lois, qui comprennent tous les droits attachés à sa personne. Il faut qu'il se guide par cet assemblage de préceptes que le droit nous enseigne, pour discerner ce qui est juste et convenable de ce qui ne l'est pas, afin que, dans les différentes circonstances des affaires qui se présentent tous les jours, nous puissions rendre à chacun le sien.

(1) *Voyez* la 8e section du présent titre, ainsi que le décret du 26 août 1811 qui s'y trouve rapporté. Voyez aussi le troisième alinéa de l'art. 3 du code civil.

En effet, le droit proprement dit est la pratique de la vertu, qui conduit l'homme à vivre conformément à la justice. Dans sa première acception, le droit se divise en droit *naturel*, en droit des *gens*, en droit *public*, et en droit *civil*. Nous allons faire considérer les règles de ces divers points.

Section Première.

Du droit naturel.

Le droit naturel est la raison humaine en tant qu'elle gouverne tous les hommes; il n'est autre chose que la science des mœurs qu'on appelle *morale*. Cette science des mœurs du *droit naturel* n'a été connue que très-imparfaitement de la part des anciens. Le meilleur traité que nous ayons de l'antiquité est le livre des *Offices* de Cicéron : il tire l'origine de ce droit, de la volonté de Dieu; il fait voir que c'est là le fondement de toutes les lois justes et raisonnables; il montre l'utilité de la religion dans la société civile, et déduit au long les devoirs réciproques des hommes.

Nous pensons que les principes *du droit naturel* doivent se tirer des seules lumières de la raison, et dans les actions des hommes dont l'entendement doit être naturellement droit; que sa perfection consiste dans la connaissance de la vérité. L'ignorance et l'erreur sont deux obstacles à cette connaissance. Mais, comme la règle de l'homme est de tendre à son bonheur, que c'est là le système de la providence, c'est donc un désir essentiel et inséparable de la raison qui est la règle primitive.

Enfin *le droit naturel* pris en tant que facultatif, doit être considéré comme produisant obligation entre les hommes. En effet, les droits et obligations sont de plusieurs sortes :

les uns sont naturels, les autres sont acquis, quelques-uns sont tels que l'on ne peut en user en toute rigueur, d'autres auxquels on ne peut renoncer. On les distingue aussi par rapport à leurs objets, savoir : le droit que nous avons sur nous-même, qui est ce que l'on appelle *liberté ;* le droit de propriété ou de domaine sur les choses qui nous appartiennent ; le droit que l'on a sur la personne et sur les actions des autres, qui est ce qu'on appelle *empire* ou *autorité ;* enfin le droit que l'on peut avoir sur les choses appartenant à autrui.

Ainsi, dans le domaine du droit naturel se trouvent les trois grandes garanties de la vie sociale, *liberté*, *sûreté* et *propriété ;* c'est la loi suprême du législateur, et le principe de toutes les lois positives (1).

Section II.

Du droit des gens.

Le droit des gens se divise en droit primitif et en droit secondaire. Nous appelons droit primitif celui qui comprend tous les principes d'une justice naturelle, avouée par la loi de raison ; comme, par exemple, de remplir fidèlement les engagements qu'on a contractés.

Le *droit des gens* secondaire résulte spécialement des conventions renfermées dans les traités faits entre les nations et les souverains qui gouvernent les peuples, pour régler les rapports entre eux.

(1) *Voyez* les art. 114, 341 et suivants du code pénal, et la charte constitutionnelle de 1830.

Section III.

Du droit public.

Le droit public régit la société politique de chaque peuple. Il consiste principalement en France dans la charte constitutionnelle de 1830, qui se trouve rapportée à la section neuf. Mais les dispositions des art. 17 et 18 du code civil sont les plus importantes à consulter pour cet objet.

Nous pourrions citer plusieurs exemples qui rentrent dans le droit public, mais il nous suffira de dire que dans l'intérêt de la société, un émigré n'acquiert la jouissance des droits ouverts à son profit que du jour de sa réintégration; et que tous les droits ouverts auparavant sont irrévocablement perdus pour lui (1).

Enfin, le *droit public* comprend l'exercice de tout pouvoir *légal*, et les lois constitutives de l'état.

Section IV.

Du droit civil.

Les droits civils sont ceux que les lois communes confèrent à tout Français, et qui statuent sur les intérêts privés en réglant les rapports des particuliers entre eux; ce *droit* est plus ou moins général, selon l'autorité qui l'a établi. Etant rédigé par écrit et par autorité publique, il porte le titre de loi; ce qui peut le faire envisager sous plusieurs rapports.

La privation des *droits civils* est encourue par la perte de

(1) *Voyez* Jurisprudence: *Des Successions*, par Pailliet, tom. 3, p. 262 et suivantes.

la qualité de français, et par la condamnation à des peines afflictives ou infamantes, d'après notre législation pénale que l'on pourra consulter au besoin.

En général, tous les droits des personnes ou des gens, doivent être un objet particulier qui se trouve régi par les dispositions de la loi, et qui est applicable à chaque homme en particulier, suivant son état dans la société; néanmoins, tout Français doit jouir des droits civils : telle est la disposition de l'article *huit* du code civil, qui est susceptible de beaucoup d'exceptions dont partie se trouvent résolues par les art. 22 et suivants du même code.

Section V.

De l'état de l'homme envers la loi (1).

L'homme étant de sa nature un être dépendant, doit prendre pour règle de ses actions la loi, qui n'est autre chose qu'une règle prescrite par le souverain. L'état de l'homme est donc dans les mains du législateur ; il est conditionnel et incertain pour l'avenir ; aujourd'hui majeur dans ses actions, il peut demain retomber en puissance et incapable de contracter, ce qui fait qu'il faut toujours considérer la forme des actes de la vie civile, dans leur rapport avec la loi sous l'empire de laquelle ils ont été passés, parce que c'est à cette seule loi que les parties ont dû se conformer et non à celle qui aurait été publiée depuis lors : car le passé n'est point dans le domaine d'une loi nouvelle ; il n'y a que l'avenir qui puisse lui appartenir.

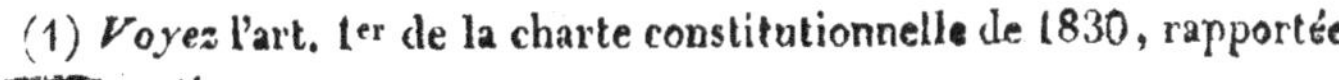

(1) *Voyez* l'art. 1er de la charte constitutionnelle de 1830, rapportée à la 3e section.

Section VI.

De la loi et de son interprétation.

Par *loi*, nous entendons celle qui se forme par le concours des trois pouvoirs législatifs qui sont le *roi*, la chambre des *pairs*, et celle des *députés ;* mais nul ne peut l'interpréter mieux que les législateurs eux-mêmes.

Néanmoins, il existe un décret du 16 septembre 1807 sur *l'interprétation des lois*, NON ABROGÉ, qui mérite d'être consulté ainsi que la jurisprudence. Quant à nous, les expressions dont se sert DOMAT, sur cette matière, nous ont paru de la plus grande importance. Il dit que « c'est par » l'esprit et l'intention des lois qu'il faut les entendre et en » faire l'application ; l'on ne peut juger de cet esprit et du » sens qu'on doit attribuer aux lois, que par la teneur » entière de toutes leurs parties, sans en rien tronquer ; de » là il suit :

» 1° Que s'il arrive que quelques expressions paraissent » avoir un sens différent de celui qui est d'ailleurs évidem- » ment marqué par la teneur de la loi entière, il faut s'arrê- » ter à ce vrai sens et rejeter l'autre, qui paraît dans les ter- » mes et qui se trouve contraire à l'intention.

» 2° Que si l'expression se trouve défectueuse, il faut y » suppléer pour en remplir le sens, selon l'esprit du » législateur.

» 3° Que c'est à l'esprit et non à la lettre qu'il faut » s'attacher ; et que l'on doit en conséquence regarder » comme contraire à la loi, non-seulement tout ce qui en » blesse l'esprit et la lettre, mais encore ce qui en blesse » seulement l'esprit, paraissant en garder la lettre. »

Il faut induire de ces principes, que les lois doivent être considérées dans leur ensemble pour ne pas en détruire l'esprit et le vrai sens, qui en unit toutes les parties pour leur exécution.

Ainsi, à l'égard des différentes dispositions que la loi renferme sur les conventions des parties, les juges doivent regarder ces dispositions, plutôt comme des conseils que comme des règles impératives, dont les expressions ne doivent point être prises à la rigueur (1), malgré qu'il soit de leur devoir de rechercher quelle a été la commune intention des parties contractantes, plutôt que de s'arrêter au sens littéral des termes, et qu'ils ne puissent point prononcer par voie de disposition générale et réglementaire de la Loi, sur les causes qui leur sont soumises (2).

Nous ferons remarquer que lorsque la loi fait cesser un abus quelconque pour le passé, elle le défend pour l'avenir, sans qu'elle ait besoin de l'exprimer. Tel est le principe de la loi romaine, *leg.* 22 ff. *de legibus*, tout comme si la loi accorde un droit dans l'intérêt privé des citoyens, il est permis d'y renoncer; par exemple, celui qui est né en France peut perdre la qualité de Français, ou y renoncer.

Section VII.

De la qualité de Français.

Dans le langage de la législation, la qualité de Français appartient à tous les individus des deux sexes, qui font partie de la nation française. Le Français d'origine et par

(1) *Voyez* la Jurisprudence du code civil, tom. 8, pag. 484.

(2) *Voyez* les dispositions des art. 5 et 1156 du code civil.

droit de naissance, est celui qui est né de père et mère domiciliés en France, ou qui est né en pays étranger d'un père français ou naturalisé français; mais il perd cette qualité par différents actes auxquels la loi attache cette peine; notamment : 1° par la naturalisation acquise en pays étranger ; 2° par l'acceptation non autorisée par le roi, de fonctions publiques conférées par un gouvernement étranger; 3° par tout établissement fait en pays étranger, sans esprit de retour. « Observez (dit M. Delvincourt, t. 1. pag. 189, note 6.), que ce n'est pas au Français à prouver qu'il a conservé *l'esprit de retour ;* sa qualité de français forme présomption en sa faveur. Il est français, jusqu'à ce qu'il soit prouvé qu'il a cessé de l'être; c'est donc à celui qui prétend qu'il ne l'est plus, à prouver qu'il a perdu l'esprit de retour, et par suite la qualité de français ». Mais le Français qui aura perdu sa *qualité de français,* pourra toujours la recouvrer, en rentrant en France, avec l'autorisation du roi, et en déclarant qu'il veut s'y fixer, et qu'il renonce à toute distinction contraire à la loi française. La section 10 traite de cette autorisation.

Une femme française qui épousera un étranger, suivra la condition de son mari, et si elle devient veuve, elle recouvrera la *qualité* de française, pourvu qu'elle réside en France, ou qu'elle y rentre avec l'autorisation du roi, et en déclarant qu'elle veut s'y fixer. La loi a encore prescrit d'autres formalités, qui sont indiquées par le chapitre 2, section première du titre 1er du code civil.

Mais la femme française, qui a épousé un Français, ne perd point cette *qualité*, lorsque son mari devient étranger; car il résulte de la discussion qui a eu lieu sur l'art. 214 du code civil, que l'obligation imposée à la femme, par cet article, d'habiter avec son mari, et de le suivre partout où il juge à propos de résider, s'étend même au cas, où le mari quitte le territoire français. Aussi M. Delvincourt dit, dans son cours du code civil, tom. 1, pag. 188, que si la loi française fait un devoir à la femme de suivre son mari partout, elle ne peut la punir d'avoir satisfait à cette obligation ; or, ce serait la punir que de la priver de la qualité de française : je pense donc qu'elle la conserve. Il ne peut y avoir, d'ailleurs, de comparaison entre ce cas et celui d'une Française qui épouse un étranger : celle-ci doit connaître la condition de celui qu'elle épouse : *omnis gnarus esse debet, conditionis ejus cum quo contrahit.* Elle sait qu'en l'épousant, elle va suivre cette condition ; c'est une chance qu'elle court en pleine connaissance de cause ; l'autre, au contraire, a épousé un Français ; elle n'est pas présumée savoir, ni deviner qu'il deviendrait étranger.

Nous observons, que lorsqu'on est né en France d'un étranger, on peut réclamer la *qualité* de français, dans l'année qui suit l'époque de la majorité, suivant les dispositions de l'art. 9 du code civil (1). Cette réclamation se fait comme la demande en naturalisation, que nous indiquons dans la section suivante.

Section VIII.

De la naturalisation en général.

La naturalisation est un acte par lequel un étranger obtient en France les mêmes droits qu'un Français. On sait

(1) *Voyez* Locré et Guichard, *Droit Civil*, n° 72.

que le Français, est celui qui est né en France d'un Français; on est donc Français par la naissance, et on le devient par la *naturalisation.*

La demande en *naturalisation* se fait devant le maire de la commune du domicile du pétitionnaire, lequel reçoit toutes les pièces, pour les transmettre au préfet, qui les adresse avec son avis au ministre de la justice, lequel fait son rapport au roi, qui accorde les lettres de naturalisation. C'est ainsi que le prescrit l'art. 2 du décret du 17 mars 1809. Mais depuis la rentrée des Bourbons, une loi a été rendue sur cette matière, en raison des habitants des pays qui avaient été réunis à la France, qui mérite d'être connue, étant d'un intérêt général.

LOI

SUR LA DÉCLARATION DE NATURALISATION

DU 14 OCTOBRE 1814.

Art. 1. Tous les habitants des départements qui avaient été réunis au territoire de la France, depuis 1791, et qui, en vertu de cette réunion, se sont établis sur le territoire actuel de France, et y ont résidé sans interruption depuis dix années et depuis l'âge de vingt-un ans, sont censés avoir fait la déclaration exigée par l'art. 3 de la loi du 22 frimaire an VIII, à charge par eux de déclarer, dans le délai de trois mois à dater de la publication des présentes, qu'ils persistent dans la volonté de se fixer en France.

Ils obtiendront à cet effet, de nous, des lettres *de déclaration de naturalité*, et pourront jouir, dès ce moment, des droits de citoyen français, à l'exception de ceux réservés dans l'art. 1er de l'ordonnance du 4 juin, qui ne pourront être accordés qu'en vertu de lettres de naturalisation vérifiées dans les deux chambres.

Art. 2. Ceux qui n'ont pas encore dix années de résidence réelle dans l'intérieur de la France, acquerront les mêmes droits de citoyen français le jour où leurs dix ans de résidence seront révolus, à charge de faire, dans le même délai la déclaration susdite.

Nous nous réservons néanmoins d'accorder, lorsque nous le jugerons convenable, même avant les dix ans de résidence révolus, des déclarations de naturalité.

Art. 3. A l'égard des individus nés et encore domiciliés dans les départements qui, après avoir fait partie de la France, en ont été séparés par les derniers traités, nous pourrons leur accorder la permission de s'établir dans notre royaume et d'y jouir des droits civils; mais ils ne pourront exercer ceux de citoyen français qu'après avoir fait la déclaration prescrite, après avoir rempli les conditions imposées par la loi du 22 frimaire an VIII, et avoir obtenu de nous des lettres de déclaration de naturalité.

Nous nous réservons néanmoins d'accorder lesdites lettres quand nous le jugerons convenable, avant les dix ans de résidence révolus.

Il résulte donc de cette autorité, que lorsque l'étranger est admis par l'autorisation du roi à établir son domicile en France, il'y jouit de tous les droits civils, et devient citoyen français tant qu'il continue d'y résider, en se conformant néanmoins aux dispositions de l'art. 3, loi du 22 frimaire an VIII, ainsi conçu.

Art. 3. Un étranger devient citoyen français, lorsqu'après avoir atteint l'âge de vingt-un ans accomplis, et avoir déclaré l'intention de se fixer en France, il y a résidé pendant dix années consécutives.

Mais à l'égard des Français qui veulent se faire naturaliser en pays étranger, il est nécessaire pour conserver leurs droits, de remplir certaines formalités que nous trouvons dans un décret du 26 août 1811, dont nous allons rapporter les principales dispositions.

DÉCRET

Concernant la Naturalisation,

Du 26 Août 1811.

Titre 1er. — *Des Français naturalisés en pays étranger, avec notre autorisation.*

Art. 1er. Aucun Français ne peut être naturalisé en pays étranger, sans notre autorisation.

Art. 2. Notre autorisation sera accordée par des lettres patentes dressées par notre grand-juge, signées de notre main, contresignées par notre ministre secrétaire d'état, visées par notre cousin le prince archichancelier, insérées au bulletin des lois, et enregistrées en la cour impériale du dernier domicile de celui qu'elles concernent.

Art. 3. Les Français naturalisés ainsi en pays étranger, jouiront du droit de posséder, de transmettre des propriétés et de succéder, quand même les sujets du pays où ils seront naturalisés, ne jouiraient pas de ces droits en France.

Art. 4. Les enfants d'un Français naturalisé en pays étranger, et qui sont nés dans ce pays, sont étrangers. Ils pourront recouvrer la qualité de français en remplissant les formalités prescrites par les art. 9 et 10 du code Napoléon. Néanmoins, ils recueilleront les successions et exerceront tous les droits qui seront ouverts à leur profit pendant leur minorité, et dans les dix ans qui suivront leur majorité accomplie.

Art. 5. Les Français naturalisés en pays étranger, même avec notre autorisation, ne pourront jamais porter les armes contre la France, sous peine d'être traduits devant nos cours, et condamnés aux peines portées au code pénal, livre 3, art. 75 et suiv.

Titre 2. — *Des Français naturalisés en pays étranger sans notre autorisation.*

Art. 6. Tout Français naturalisé en pays étranger sans notre autorisation, encourra la perte de ses biens, qui seront confisqués. Il n'aura plus le droit de succéder, et toutes les successions qui viendront à lui échoir, passeront à celui qui est appelé après lui à les recueillir, pourvu qu'il soit regnicole (1).

Art. 7. Il sera constaté par devant la cour du dernier domicile du prévenu, à la diligence de notre procureur-

(1) C'est-à-dire qu'il habite la France.

général ou sur la requête de la partie civile intéressée, que l'individu s'étant fait naturaliser en pays étranger sans notre autorisation, a perdu ses droits civils en France; et en conséquence la succession ouverte à son profit, sera adjugée à qui de droit.

ART. 8. Les individus dont la naturalisation en pays étranger sans notre autorisation, aurait été constatée, ainsi qu'il est dit en l'article précédent, et qui auraient reçu directement ou par transmission, des titres institués par le sénatus-consulte du 14 août 1816, en seront déchus.

ART. 9. Ces titres et les biens y attachés seront dévolus à la personne restée française, appelée selon les lois, sauf les droits de la femme qui seront réglés comme en cas de viduité.

ART. 10. Si les individus mentionnés en l'art. 8 avaient reçu l'un de nos ordres, ils seront biffés des registres et états, et défenses leur seront faites d'en porter la décoration.

ART. 11. Ceux qui étant naturalisés en pays étranger, et contre lesquels il aura été procédé comme il est dit aux art. 6 et 7 ci-dessus, s'ils sont trouvés sur le territoire de l'empire, seront pour la première fois arrêtés et reconduits au-delà des frontières. En cas de récidive, ils seront poursuivis devant nos cours, et condamnés à être détenus pendant un temps qui ne pourra être moindre d'une année ni excéder dix ans.

ART. 12. Ils ne pourront être relevés des déchéances et affranchis des peines ci-dessus, que par des lettres de relief, accordées par nous en conseil privé, comme les lettres de grâce.

ART. 13. Tout individu naturalisé en pays étranger sans

notre autorisation, qui porterait les armes contre la France, sera puni conformément à l'art. 64 du code pénal.

Titre 3. — *Des individus déjà naturalisés en pays étranger.*

Art. 14. Les individus qui se trouveraient naturalisés en pays étranger lors de la publication du présent décret, pourront dans le délai d'un an, s'ils sont sur le continent européen, de trois ans, s'ils sont hors de ce continent, de cinq ans, s'ils sont au-delà du cap de Bonne-Espérance et aux Indes orientales, obtenir notre autorisation dans les délais et selon les formes portées au présent décret.

Art. 15. Ils ne pourront être relevés du retard que par des lettres de relief, de déchéance, accordées sur la proposition de l'un de nos ministres, et délivrées par notre grand-juge, ainsi qu'il est dit à l'art. 12, ci-dessus.

Nous fairons observer que les lettres de relief que le décret permet d'accorder au Français, peuvent avoir un effet rétroactif, même à l'égard des successions qu'il a été appelé à recueillir. On peut consulter à cet égard M. Duranton, tom. 1er, nos 197 et 198.

Section IX.

De la qualité de citoyen français *et des droits attachés à cette qualité.*

On peut être Français et ne pas être *citoyen français*. Il y a une grande différence entre ces deux qualités; car l'exercice des droits civils est indépendant de la qualité de *citoyen*, laquelle ne s'acquiert et ne se conserve que conformément à la loi constitutionnelle, d'après les dispositions de l'art. 7 du code civil.

Le citoyen français, par droit de naissance, est celui qui est né de père et mère domiciliés en France, qui est âgé de vingt-un ans accomplis, et qui s'est fait inscrire sur les registres civils de son arrondissement communal, et qui a résidé postérieurement à cette inscription pendant un an sur le territoire français. Ainsi le Français ne peut être *citoyen* qu'à vingt-un ans, et encore, qu'après avoir rempli les formalités ci-dessus prescrites : mais à tout âge il jouit des droits civils.

Les *droits attachés à la qualité de citoyen français*, consistent dans les avantages que la charte constitutionnelle et les autres lois du royaume accordent pour concourir à la formation des autorités. C'est ce qu'on appelle les *droits politiques ou de cité*, auxquels les femmes, les mineurs, les domestiques, les interdits, les faillis, les accusés ou contumaces, etc., ne peuvent participer.

Ainsi lorsqu'on réunit les conditions propres à l'exercice de la plénitude des droits de *citoyen français*, on peut voter dans les assemblées électorales et être éligible, même apte à remplir toute sorte de fonctions publiques; au lieu que tous ceux qui ne sont que français, n'ont pas le même droit.

C'est ici le cas de faire connaître les dispositions de la charte constitutionnelle de 1830, et la loi du 21 mars 1831, sur l'organisation municipale, ainsi que celle du 19 avril 1831, sur l'élection des députés, qui intéressent toutes les capacités.

CHARTE

CONSTITUTIONNELLE DES FRANÇAIS.

Du 9-14 Août 1830.

DROIT PUBLIC DES FRANÇAIS.

Article premier. Les Français sont égaux devant la loi, quels que soient d'ailleurs leurs titres et leurs rangs.

Art. 2. Ils contribuent indistinctement, dans la proportion de leur fortune, aux charges de l'État.

Art. 3. Ils sont tous également admissibles aux emplois civils et militaires.

Art. 4. Leur liberté individuelle est également garantie, personne ne pouvant être poursuivi ni arrêté que dans les cas prévus par la loi et dans la forme qu'elle prescrit.

Art. 5. Chacun professe sa religion avec une égale liberté, et obtient pour son culte la même protection.

Art. 6. Les ministres de la religion catholique, apostolique et romaine, professée par la majorité des Français, et ceux des autres cultes chrétiens, reçoivent des traitements du trésor public.

Art. 7. Les Français ont le droit de publier et de faire imprimer leurs opinions en se conformant aux lois.

La censure ne pourra jamais être rétablie.

Art. 8. Toutes les propriétés sont inviolables, sans aucune exception de celles qu'on appelle nationales, la loi ne mettant aucune différence entre elles.

Art. 9. L'état peut exiger le sacrifice d'une propriété pour cause d'intérêt public légalement constaté, mais avec une indemnité préalable.

Art. 10. Toutes recherches des opinions et des votes émis jusqu'à la restauration sont interdites : le même oubli est commandé aux tribunaux et aux citoyens.

Art. 11. La conscription est abolie. Le mode de recrutement de l'armée de terre et de mer est déterminé par une loi.

FORMES DU GOUVERNEMENT DU ROI.

Art. 12. La personne du Roi est inviolable et sacrée. Ses ministres sont responsables. Au Roi seul appartient la puissance exécutive.

Art. 13. Le roi est le chef de l'état; il commande les forces de terre et de mer, déclare la guerre, fait les traités de paix, d'alliance et de commerce, nomme à tous les emplois d'administration publique, et fait les réglements et ordonnances nécessaires pour l'exécution des lois, sans pouvoir jamais ni suspendre les lois elles-mêmes ni dispenser de leur exécution.

Toutefois aucune troupe étrangère ne pourra être admise au service de l'état qu'en vertu d'une loi.

Art. 14. La puissance législative s'exerce collectivement par le roi, la chambre des pairs et la chambre des députés.

Art. 15. La proposition des lois appartient au Roi, à la chambre des pairs et à la chambre des députés.

Néanmoins toute loi d'impôt doit être d'abord votée par la chambre des députés.

Art. 16. Toute loi doit être discutée et votée librement par la majorité de chacune des deux chambres.

Art. 17. Si une proposition de loi a été rejetée par l'un des trois pouvoirs, elle ne pourra être représentée dans la même session.

Art. 18. Le roi seul sanctionne et promulgue les lois.

Art. 19. La liste civile est fixée pour toute la durée du règne par la première législature assemblée depuis l'avénement du roi.

DE LA CHAMBRE DES PAIRS.

Art. 20. La chambre des pairs est une portion essentielle de la puissance législative.

Art. 21. Elle est convoquée par le roi en même temps que la chambre des députés. La session de l'une finit en même temps que celle de l'autre.

Art. 22. Toute assemblée de la chambre des pairs qui serait tenue hors du temps de la session de la chambre des députés, est illicite et nulle de plein droit, sauf le seul cas où elle est réunie comme cour de justice, et alors elle ne peut exercer que des fonctions judiciaires.

Art. 23. La nomination des pairs de France appartient au roi. Leur nombre est illimité : il peut en varier les dignités, les nommer à vie ou les rendre héréditaires, selon sa volonté (1).

Art. 24. Les pairs ont entrée dans la chambre à vingcinq ans, et voix délibérative à trente ans seulement.

Art. 25. La chambre des pairs est présidée par le chancelier de France, et, en son absence, par un pair nommé par le roi.

(1) Cet article a été abrogé par la loi du 29 décembre 1831, qui fait suite à cette charte.

Art. 26. Les princes du sang sont pairs par droit de naissance : ils siégent immédiatement après le président.

Art. 27. Les séances de la chambre des pairs sont publiques comme celles de la chambre des députés.

Art. 28. La chambre des pairs connaît des crimes de haute trahison et des attentats à la sûreté de l'état, qui seront définis par la loi.

Art. 29. Aucun pair ne peut être arrêté que de l'autorité de la chambre, et jugé que par elle en matière criminelle.

DE LA CHAMBRE DES DÉPUTÉS.

Art. 30. La chambre des députés sera composée des députés élus par les colléges électoraux dont l'organisation sera déterminée par des lois.

Art. 31. Les députés seront élus pour cinq ans.

Art. 32. Aucun député ne peut être admis dans la chambre s'il n'est âgé de trente ans, et s'il ne réunit les autres conditions déterminées par la loi.

Art. 33. Si néanmoins il ne se trouvait pas dans le département cinquante personnes de l'âge indiqué payant le cens d'éligibilité déterminé par la loi, leur nombre sera complété par les plus imposés au-dessous du taux de ce cens, et ceux-ci pourront être élus concuremment avec les premiers.

Art. 34. Nul n'est électeur, s'il a moins de vingt-cinq ans, et s'il ne réunit les autres conditions déterminées par la loi.

Art. 35. Les présidents des colléges électoraux sont nommés par les électeurs.

Art. 36. La moitié au moins des députés sera choisie

parmi les éligibles qui ont leur domicile politique dans le département.

Art. 37. Le président de la chambre des députés est élu par elle à l'ouverture de chaque session.

Art. 38. Les séances de la chambre sont publiques, mais la demande de cinq membres suffit pour qu'elle se forme en comité secret.

Art. 39. La chambre se partage en bureaux pour discuter les projets qui lui ont été présentés de la part du roi.

Art. 40. Aucun impôt ne peut être établi ni perçu, s'il n'a été consenti par les deux chambres et sanctionné par le roi.

Art. 41. L'impôt foncier n'est consenti que pour un an. Les impositions indirectes peuvent l'être pour plusieurs années.

Art. 42. Le roi convoque chaque année les deux chambres : il les proroge, et peut dissoudre celle des députés; mais, dans ce cas, il doit en convoquer une nouvelle dans le délai de trois mois.

Art. 43. Aucune contrainte par corps ne peut être exercée contre un membre de la chambre durant la session et dans les six semaines qui l'auront précédée ou suivie.

Art. 44. Aucun membre de la chambre ne peut, pendant la durée de la session, être poursuivi ni arrêté en matière criminelle, sauf le cas de flagrant délit, qu'après que la chambre a permis sa poursuite.

Art. 45. Toute pétition à l'une ou à l'autre des chambres ne peut être faite et présentée que par écrit : la loi interdit d'en apporter en personne et à la barre.

DES MINISTRES.

Art. 46. Les ministres peuvent être membres de la chambre des pairs ou de la chambre des députés.

Ils ont en outre leur entrée dans l'une ou l'autre chambre, et doivent être entendus quand ils le demandent.

Art. 47. La chambre des députés a le droit d'accuser les ministres et de les traduire devant la chambre des pairs qui seule a celui de les juger.

DE L'ORDRE JUDICIAIRE.

Art. 48. Toute justice émane du roi; elle s'administre en son nom par des juges qu'il nomme et qu'il institue.

Art. 49. Les juges nommés par le roi sont inamovibles.

Art. 50. Les cours et tribunaux ordinaires actuellement existants sont maintenus; il n'y sera rien changé qu'en vertu d'une loi.

Art. 51. L'institution actuelle des juges de commerce est conservée.

Art. 52. La justice de paix est également conservée. Les juges de paix, quoique nommés par le roi, ne sont point inamovibles.

Art. 53. Nul ne pourra être distrait de ses juges naturels.

Art. 54. Il ne pourra en conséquence être créé de commission et de tribunaux extraordinaires, à quelque titre et sous quelque dénomination que ce puisse être.

Art. 55. Les débats seront publics en matière criminelle, à moins que cette publicité ne soit dangereuse pour l'ordre et les mœurs; et, dans ce cas, le tribunal le déclare par un jugement.

Art. 56. L'institution des jurés est conservée. Les changements qu'une plus longue expérience ferait juger nécessaires, ne peuvent être effectués que par une *loi*.

Art. 57. La peine de la confiscation des biens est abolie et ne pourra pas être rétablie.

Art. 58. Le roi a le droit de faire grâce et celui de commuer les peines.

Art. 59. Le code civil et les lois actuellement existantes qui ne sont pas contraires à la présente Charte, restent en vigueur jusqu'à ce qu'il y soit légalement dérogé.

DROITS PARTICULIERS GARANTIS PAR L'ÉTAT.

Art. 60. Les militaires en activité de service, les officiers et soldats en retraite, les veuves, les officiers et soldats pensionnés, conserveront leurs grades, honneurs et pensions.

Art. 61. La dette publique est garantie. Toute espèce d'engagement pris par l'état avec ses créanciers est inviolable.

Art. 62. La noblesse ancienne reprend ses titres, la nouvelle conserve les siens. Le roi fait des nobles à volonté; mais il ne leur accorde que des rangs et des honneurs, sans aucune exemption des charges et des devoirs de la société.

Art. 63. La Légion-d'Honneur est maintenue. Le roi déterminera les règlements intérieurs et la décoration.

Art. 64. Les colonies sont régies par des lois particulières.

Art. 65. Le roi et ses successeurs jureront à leur avénement, en présence des chambres réunies, d'observer fidèlement la charte constitutionnelle.

Art. 66. La présente charte et tous les droits qu'elle

consacre demeurent confiés au patriotisme et au courage des gardes nationales et de tous les citoyens français.

Art. 67. La France reprend ses couleurs. A l'avenir, il ne sera plus porté d'autre cocarde que la cocarde tricolore.

DISPOSITIONS PARTICULIÈRES.

Art. 68. Toutes les nominations et créations nouvelles de pairs faites sous le règne du roi *Charles X* sont déclarées nulles et non avenues.

Art. 69. Il sera pourvu successivement, par des lois séparées et dans le plus court délai possible, aux objets qui suivent :

1° L'application du jury aux délits de la presse et aux délits politiques;

2° La responsabilité des ministres et des autres agents du pouvoir;

3° La réélection des députés promus à des fonctions publiques salariées;

4° Le vote annuel du contingent de l'armée;

5° L'organisation de la garde nationale, avec intervention des gardes nationaux dans le choix de leurs officiers. (1)

6° Des dispositions qui assurent d'une manière légale l'état des officiers de tout grade de terre et de mer;

7° Des institutions départementales et municipales fondées sur un système électif (2).

8° L'instruction publique et la liberté de l'enseignement;

(1) *Voyez* les dispositions de la loi du 22 mars 1831, et de celle du 19 avril 1832.

(2) *Voyez* lois des 21 mars 1831, et 18 juillet 1837.

9° L'abolition du double vote et la fixation des conditions électorales et d'éligibilité.

Art. 70. Toutes les lois et ordonnances, en ce qu'elles ont de contraire aux dispositions adoptées pour la réforme de la charte, sont dès à présent et demeurent annulées et abrogées.

LOI

Réglant le mode de nomination des membres de la chambre des pairs.

Article UNIQUE *qui remplace l'art.* 23 *de la charte* (1).

La nomination des membres de la chambre des pairs appartient au roi, qui ne peut les choisir que parmi les notabilités suivantes :

Le président de la chambre des députés et autres assemblées législatives;

Les députés qui auront fait partie de trois législatures, ou qui auront six ans d'exercice;

Les maréchaux et amiraux de France;

Les lieutenants généraux et vice amiraux des armées de terre et de mer, après deux ans de grade;

Les ministres à département;

Les ambassadeurs, après trois ans, et les ministres plénipotentiaires, après six ans de fonctions;

Les conseillers d'état, après dix ans de service ordinaire;

(1) Il est certain que cette loi étant destinée à remplacer l'art. 23, aucune partie de cet article ne *subsiste* et demeure totalement abrogé; mais d'autres questions d'abrogation virtuelle peuvent se présenter, et il faut avouer que cette observation peut s'adresser à tous les travaux de nos assemblées législatives.

Les préfets de département et les préfets maritimes, après dix ans de fonctions;

Les gouverneurs coloniaux, après cinq ans de fonctions;

Les membres des conseils généraux électifs, après trois élections à la présidence;

Les maires des villes de trente mille âmes et au-dessus, après deux élections au moins comme membres du corps municipal, et après cinq ans de fonctions de maire;

Les présidents de la cour de cassation et de la cour des comptes;

Les procureurs généraux près ces deux cours, après cinq ans de fonctions en cette qualité;

Les conseillers de la cour de cassation et les conseillers-maîtres de la cour des comptes, après cinq ans; les avocats généraux près la cour de cassation, après dix ans d'exercice;

Les premiers présidents des cours royales, après cinq ans de magistrature dans ces cours;

Les procureurs généraux près les mêmes cours, après dix ans de fonctions;

Les présidents des tribunaux de commerce dans les villes de trente mille âmes et au-dessus, après quatre nominations à ces fonctions;

Les membres titulaires des quatre académies de l'Institut;

Les citoyens à qui, par une loi et à raison d'éminents services, aura été nominativement décernée une récompense nationale;

Les propriétaires, les chefs de manufacture et de maison de commerce et de banque, payant trois mille francs de contributions directes, soit à raison de leurs propriétés foncières depuis trois ans, soit à raison de leurs patentes depuis cinq ans, lorsqu'ils auront été pendant six ans membres d'un conseil général ou d'une chambre de commerce ;

Les propriétaires, les manufacturiers, commerçants ou banquiers, payant trois mille francs d'impositions, qui auront été nommés députés ou juges des tribunaux de commerce, pourront aussi être admis à la pairie sans autre condition ;

Le titulaire qui aura successivement exercé plusieurs des fonctions ci-dessus, pourra cumuler ses services dans toutes pour compléter le temps exigé dans celle où le service devrait être le plus long.

Seront dispensés du temps d'exercice exigé par les paragraphes 5, 7, 8, 9, 10, 14, 15, 16 et 17 ci-dessus, les citoyens qui ont été nommés, dans l'année qui a suivi le 30 juillet 1830, aux fonctions énoncées dans ces paragraphes.

Seront également dispensées, jusqu'au 1er janvier 1837, du temps d'exercice exigé par les paragraphes 3, 11, 12, 18 et 21 ci-dessus, les personnes nommées ou maintenues, depuis le 30 juillet 1830, aux fonctions énoncées dans ces cinq paragraphes.

Ces conditions d'admissibilité à la pairie pourront être modifiées par une loi.

Les ordonnances de nomination de pairs seront individuelles. Ces ordonnances mentionneront les services et indiqueront les titres sur lesquels la nomination sera fondée.

Le nombre de pairs est illimité.

Leur dignité est conférée à vie et n'est pas transmissible par droit d'hérédité.

Ils prennent rang entre eux par ordre de nomination.

A l'avenir, aucun traitement, aucune pension, aucune dotation, ne pourront être attachés à la dignité de pair.

Ici se termine notre nouvelle constitution, mais comme nous l'avons déjà dit, il est nécessaire à tous les citoyens d'être fixés sur les lois d'administration.

LOI

SUR L'ORGANISATION MUNICIPALE (1).

Du 21-23 Mars 1831.

Titre 1er. — *Du corps municipal.*

CHAPITRE PREMIER.

De la composition du corps municipal.

Article premier. Le corps municipal de chaque commune se compose du maire, de ses adjoints et des conseillers municipaux (2).

Les fonctions des maires, des adjoints et des autres membres du corps municipal, sont essentiellement gratuites et ne peuvent donner lieu à aucune indemnité ni frais de représentation.

Art. 2. Il y aura un seul adjoint dans les communes de deux mille cinq cents habitants et au-dessous; deux, dans celles de deux mille cinq cents à dix mille habitants; et,

(1) *Voyez* M. Henrion de Pansey, qui retrace l'histoire de l'ancien pouvoir municipal en France. — La loi du 28 pluviôse an 8, et le sénatus-consulte du 16 thermidor an 10.

(2) Nous observons qu'il ne faut pas considérer comme équivalentes, l'expression *conseillers municipaux*, et l'expression *conseil municipal;* car le conseil municipal comprend, outre les conseillers municipaux, le maire et ses adjoints. (*Voyez* l'art. 3, § 3).

dans les communes d'une population supérieure, un adjoint de plus par chaque excédant de vingt mille habitants.

Lorsque la mer ou quelque autre obstacle rend difficiles, dangereuses ou momentanément impossibles, les communications entre le chef-lieu et une portion de commune, un adjoint spécial, pris parmi les habitants de cette fraction, est nommé en sus du nombre ordinaire, et remplit les fonctions d'officier de l'état civil dans cette partie détachée de la commune.

Art. 3. Les maires et les adjoints sont nommés par le roi, ou en son nom par le préfet.

Dans les communes qui ont trois mille habitants et au-dessus, ils sont nommés par le roi, ainsi que dans les chefs-lieux d'arrondissement, quelle que soit la population.

Les maires et les adjoints seront choisis parmi les membres du conseil municipal, et ne cesseront pas pour cela d'en faire partie.

Ils peuvent être suspendus par un arrêté du préfet ; mais ils ne sont révocables que par une ordonnance du roi.

Art. 4. Les maires et les adjoints sont nommés pour trois ans ; ils doivent être âgés de vingt-cinq ans accomplis.

Ils doivent avoir leur domicile réel dans la commune.

Art. 5. En cas d'absence ou d'empêchement, le maire est remplacé par l'adjoint disponible le premier dans l'ordre des nominations.

En cas d'absence ou d'empêchement du maire et des adjoints, le maire est remplacé par le conseiller municipal le premier dans l'ordre du tableau, lequel sera dressé suivant le nombre des suffrages obtenus.

Art. 6. Ne peuvent être maires ni adjoints,

1° Les membres des cours et tribunaux de première instance et des justices de paix (1);

2° Les ministres des cultes;

3° Les militaires et employés des armées de terre et de mer en activité de service ou en disponibilité;

4° Les ingénieurs des ponts et chaussées et des mines en activité de service.

5° Les agents et employés des administrations financières et des forêts;

6° Les fonctionnaires et employés des colléges communaux, et les instituteurs primaires;

7° Les commissaires et agents de police (2).

Art. 7. Néanmoins les juges suppléants aux tribunaux de première instance et les suppléants des juges de paix peuvent être maires ou adjoints.

Les agents salariés du maire ne peuvent être ses adjoints.

Art. 8. Il y a incompatibilité entre les fonctions de maire et d'adjoint et le service de la garde nationale.

CHAPITRE II.

Des conseils municipaux.

Section Ire.

De la composition des conseils municipaux.

Art. 9. Chaque commune a un conseil municipal composé, y compris le maire et adjoints,

(1) Dans l'expression *membres*, le législateur a entendu comprendre les *greffiers ;* autrement il aurait dit : *conseillers* et *juges*.

(2) Nous observons que malgré toute la nomenclature que fait cet

De dix membres, dans les communes de cinq cents habitants et au-dessous;

De douze, dans celles de cinq cents à quinze cents;

De seize, dans celles de quinze cents à deux mille cinq cents;

De vingt-un, dans celles de deux mille cinq cents à trois mille cinq cents;

De vingt-trois dans celles de trois mille cinq cents à dix mille;

De vingt-sept, dans celles de dix mille à trente mille;

Et de trente-six, dans celles d'une population de trente mille âmes et au-dessus.

Dans les communes où il y aura plus de trois adjoints, le conseil municipal sera augmenté d'un nombre de membres égal à celui des adjoints au-dessus de trois.

Dans celles où il aura été nommé un ou plusieurs adjoints spéciaux et supplémentaires en vertu du second paragraphe de l'article 2 de la présente loi, le conseil municipal sera également augmenté d'un nombre égal à celui de ces adjoints.

Art. 10. Les conseillers municipaux sont élus par l'assemblée des électeurs communaux.

Art. 11. Sont appelés à cette assemblée, 1° les citoyens les plus imposés aux rôles des contributions directes de la commune, âgés de vingt-un ans accomplis, dans les proportions suivantes :

Pour les communes de mille âmes et au-dessous, un nombre égal au dixième de la population de la commune;

article, il ne contient pas l'indication de toutes les fonctions qui sont incompatibles avec celles de maire ou d'adjoint : d'autres incompatibilités sont virtuellement établies par l'art. 18.

Ce nombre s'accroîtra de cinq par cent habitants en sus de mille jusqu'à cinq mille;

De quatre par cent habitants en sus de cinq mille jusqu'à quinze mille;

De trois par cent habitants au-dessus de quinze mille;

2° Les membres des cours et tribunaux, les juges de paix et leurs suppléants;

Les membres des chambres de commerce, des conseils de manufactures, des conseils de prud'hommes;

Les membres des commissions administratives des colléges, des hospices et des bureaux de bienfaisance;

Les officiers de la garde nationale;

Les membres et correspondants de l'Institut, les membres des sociétés savantes instituées ou autorisées par une loi;

Les docteurs de l'une ou de plusieurs des facultés de droit, de médecine, des sciences, des lettres, après trois ans de domicile réel dans la commune;

Les avocats inscrits au tableau, les avoués près les cours et tribunaux, les notaires, les licenciés de l'une des facultés de droit, des sciences, des lettres, chargés de l'enseignement de quelqu'une des matières appartenant à la faculté où ils auront pris leur licence, les uns et les autres après cinq ans d'exercice et de domicile réel dans la commune;

Les anciens fonctionnaires de l'ordre administratif et judiciaire jouissant d'une pension de retraite;

Les employés des administrations civiles et militaires jouissant d'une pension de retraite de six cents francs et au-dessus;

Les élèves de l'école polytechnique qui ont été, à leur sortie, déclarés admis ou admissibles dans les services publics, après deux ans de domicile réel dans la commune:

toutefois les officiers appelés à jouir du droit électoral en qualité d'anciens élèves de l'école polytechnique ne pourront l'exercer dans les communes où ils se trouveront en garnison qu'autant qu'ils y auraient acquis leur domicile civil ou politique avant de faire partie de la garnison;

Les officiers de terre et de mer jouissant d'une pension de retraite;

Les citoyens appelés à voter aux élections des membres de la chambre des députés ou des conseils généraux des départements, quel que soit le taux de leurs contributions dans la commune (1).

Art. 12. Le nombre des électeurs domiciliés dans la commune ne pourra être moindre de trente, sauf le cas où il ne se trouverait pas un nombre suffisant de citoyens payant une contribution personnelle.

Art. 13. Les citoyens qualifiés pour voter dans l'assemblée des électeurs communaux, conformément au paragraphe 2 de l'article 11, et qui seraient en même temps inscrits sur la liste des plus imposés, voteront en cette dernière qualité.

Art. 14. Le tiers de la contribution du domaine exploité par un fermier à prix d'argent ou à portion de fruits, lui est compté pour être inscrit sur la liste des plus imposés de la commune, sans diminution des droits du propriétaire du domaine.

Art. 15. Les membres du conseil municipal seront tous choisis sur la liste des électeurs communaux, et les trois

(1) Nous ferons remarquer que lorsque le législateur s'est servi des mots *dans la commune*, il a voulu qu'on ne puisse compter à chaque électeur que les contributions qu'il paie dans la commune, et que celles qu'il paie ailleurs ne puissent lui servir à compléter le cens électoral.

quarts au moins parmi les électeurs domiciliés dans la commune.

Art. 16. Les deux tiers des conseillers municipaux sont nécessairement choisis parmi les électeurs désignés au paragraphe 1er de l'article 11 ; l'autre tiers peut être choisi parmi tous les citoyens ayant droit de voter dans l'assemblée en vertu de l'article 11.

Art. 17. Les conseillers municipaux doivent être âgés de vingt-cinq ans accomplis. Ils sont élus pour six ans et toujours rééligibles.

Les conseils seront renouvelés par moitié tous les trois ans.

Art. 18. Les préfets, sous-préfets, secrétaires généraux et conseillers de préfecture, les ministres des divers cultes en exercice dans la commune, les comptables des revenus communaux et tout agent salarié par la commune, ne peuvent être membres des conseils municipaux. Nul ne peut être membre de deux conseils municipaux.

Art. 19. Tout membre d'un conseil municipal dont les droits civiques auraient été suspendus, ou qui en aurait perdu la jouissance, cessera d'en faire partie, et ne pourra être réélu que lorsqu'il aura recouvré les droits dont il aurait été privé (1).

(1) *Voyez* les dispositions des art. 28, 34 et 42 du code pénal.

Nous observons que l'art. 5 du titre 1er des constitutions du 22 frimaire an 8, porte que « l'exercice des droits du citoyen français *(ou droits civiques)*, est suspendu par l'état de débiteur failli ou d'héritier immédiat, détenteur à titre gratuit de la succession totale ou partielle d'un failli, par l'état d'un domestique à gages attaché au service de la personne ou du ménage. »

Art. 20. Dans les communes de cinq cents âmes et au-dessus, les parents au degré de père, de fils, de frère, et les alliés au même degré, ne peuvent être en même temps membres du même conseil municipal.

Art. 21. Toutes les dispositions des lois précédentes, concernant les incompatibilités et empêchements des fonctions municipales, sont abrogées.

Art. 22. En cas de vacance dans l'intervalle des élections triennales, il devra être procédé au remplacement dès que le conseil municipal se trouvera réduit aux trois quarts de ses membres.

Section II.

Des assemblées des conseils municipaux.

Art. 23. Les conseils municipaux se réunissent quatre fois l'année au commencement des mois de février, mai, août et novembre. Chaque cession peut durer dix jours.

Art. 24. Le préfet ou sous-préfet prescrit la convocation extraordinaire du conseil municipal, ou l'autorise sur la demande du maire, toutes les fois que les intérêts de la commune l'exigent.

Dans les sessions ordinaires, le conseil municipal peut s'occuper de toutes les matières qui rentrent dans ses attributions.

En cas de réunion extraordinaire, il ne peut s'occuper que des objets pour lesquels il a été spécialement convoqué.

La convocation pourra également être autorisée pour un objet spécial et déterminé, sur la demande du tiers des membres du conseil municipal adressée directement au préfet, qui ne pourra la refuser que par un arrêté motivé, qui sera notifié aux réclamants, et dont ils pourront appeler au roi.

Le maire préside le conseil municipal; les fonctions de secrétaire sont remplies par un de ses membres, nommé au scrutin et à la majorité à l'ouverture de chaque session.

Art. 25. Le conseil municipal ne peut délibérer que lorsque la majorité des membres en exercice assiste au conseil.

Il ne pourra être refusé à aucun des citoyens contribuables de la commune communication, sans déplacement, des délibérations des conseils municipaux.

Art. 26. Le préfet déclarera démissionnaire tout membre d'un conseil municipal qui aura manqué à trois convocations consécutives, sans motifs reconnus légitimes par le conseil (1).

Art. 27. La dissolution des conseils municipaux peut être prononcée par le roi.

L'ordonnance de dissolution fixera l'époque de la réélection.

Il ne pourra y avoir un délai de plus de trois mois entre la dissolution et la réélection. Toutefois, dans le cas où les maire et adjoints cesseraient leurs fonctions par des causes quelconques avant la réélection du corps municipal, le roi, ou le préfet en son nom, pourront désigner, sur la liste des électeurs de la commune, les citoyens qui exerceront provisoirement les fonctions de maire et d'adjoints.

Art. 28. Toute délibération d'un conseil municipal portant sur des objets étrangers à ses attributions est nulle de plein droit. Le préfet, en conseil de préfecture, déclarera la nullité; le conseil pourra appeler au roi de cette décision.

Art. 29. Sont pareillement nulles de plein droit toutes

(1) Les mots *convocations consécutives* doivent être observés de manière que s'il y a des *séances* sans convocations, ou que ces convocations ne soient pas consécutives, il n'y a pas lieu à la déclaration de démission.

délibérations d'un conseil municipal prises hors de sa réunion légale. Le préfet, en conseil de préfecture, déclarera l'illégalité de l'assemblée et la nullité de ses actes.

Si la dissolution du conseil est prononcée, et si dans le nombre de ses actes il s'en trouve qui soient punissables d'après les lois pénales en vigueur, ceux des membres du conseil qui y auraient participé sciemment pourront être poursuivis.

Art. 30. Si un conseil se mettait en correspondance avec un ou plusieurs autres conseils, ou publiait des proclamations ou adresses aux citoyens, il serait suspendu par le préfet, en attendant qu'il eût été statué par le Roi.

Si la dissolution du conseil était prononcée, ceux qui auraient participé à ces actes pourront être poursuivis conformément aux lois pénales en vigueur.

Art. 31. Lorsqu'en vertu de la dissolution prononcée par le Roi un conseil aura été renouvelé en entier, le sort désignera, à la fin de la troisième année, les membres qui seront à remplacer.

CHAPITRE III.

Des listes et des assemblées des électeurs communaux.

Section Ire.

De la formation des listes.

Article 32. Le maire, assisté du percepteur et des commissaires répartiteurs, dressera la liste de tous les contribuables de la commune jouissant des droits civiques (1),

(1) L'on sait que trois conditions sont requises pour avoir la qualité de *citoyen* : 1° avoir vingt-un ans accomplis; 2° s'être fait inscrire sur le *régistre civique ;* 3° avoir demeuré un an sur le territoire français.

et qualifiés, à raison de la quotité de leurs contributions, pour faire partie de l'assemblée communale, conformément à l'art. 11 ci-dessus.

Les plus imposés seront inscrits sur cette liste dans l'ordre décroissant de la quotité de leurs contributions.

Art. 33. Cette liste présentera la quotité des impôts de chacun de ceux qui y seront portés ; elle énoncera le chiffre de la population de la commune, et sera affichée dans la commune, et communiquée, au secrétariat de la mairie, à tout requérant.

Art. 34. Tout individu omis pourra, pendant un mois, à dater de l'affiche, présenter sa réclamation à la mairie.

Dans le même délai tout électeur inscrit sur la liste pourra réclamer contre l'inscription de tout individu qu'il croirait indûment porté.

Art 35. Le maire prononcera dans le délai de huit jours, après avoir pris l'avis d'une commission de trois membres du conseil délégués à cet effet par le conseil municipal. Il notifiera dans le même délai sa décision aux parties intéressées.

Art. 36. Toute partie qui se croirait fondée à contester une décision rendue par le maire dans la forme ci-dessus, peut en appeler dans le délai de quinze jours devant le préfet, qui, dans le délai d'un mois, prononcera en conseil de préfecture et notifiera sa décision.

Art. 37. Le maire, sur la notification de la décision intervenue, fera sur la liste la rectification prescrite.

Art. 38. Le maire dressera la liste des electeurs appelés à voter dans l'assemblée de la commune en vertu du § 2 de l'art. 11 ci-dessus, avec l'indication de la date des diplômes, inscriptions, domicile, et autres conditions exigées par ce paragraphe.

Art. 39. Les dispositions des art. 33, 34, 35, 36 et 37, sont applicables aux listes des électeurs dressées en exécution de l'article précédent.

Art. 40. L'opération de la confection des listes commencera, chaque année, le 1er janvier; elles seront publiées et affichées le 8 du même mois, et closes définitivement le 31 mars. Il ne sera plus fait de changement aux listes pendant tout le cours de l'année : en cas d'élections, tous les citoyens qui y seront portés auront droit de voter, excepté ceux qui auraient été privés de leurs droits civiques par un jugement.

Art. 41. Les dispositions relatives à l'attribution des contributions, contenues dans les lois concernant l'élection des, députés sont applicables aux élections réglées par la présente loi.

Art. 42. Les difficultés relatives, soit à cette attribution, soit à la jouissance des droits civiques ou civils et au domicile réel ou politique, seront portées devant le tribunal civil de l'arrondissement, qui statuera en dernier ressort, suivant les formes établies par l'art. 18 de la loi du 2 juillet 1828.

Section II.

Des assemblées des électeurs communaux.

Art. 43. L'assemblée des électeurs est convoquée par le préfet.

Art. 44. Dans les communes qui ont deux mille cinq cents âmes et plus, les électeurs sont divisés en sections.

Le nombre des sections sera tel, que chacune d'elles ait au plus huit conseillers à nommer dans les communes de deux mille cinq cents à dix mille habitants ; six, dans celles de dix mille à trente mille ; et quatre, dans celles dont la population excède ce dernier nombre.

La division en sections se fera par quartiers voisins, et de manière à répartir également le nombre des votants, autant que faire se pourra, entre les sections.

Le nombre et la limite des sections seront fixés par une ordonnance du Roi, le conseil municipal entendu.

Chaque section nommera un nombre égal de conseillers, à moins toutefois que le nombre des conseillers ne soit pas exactement divisible par celui des sections, auquel cas les premières sections, suivant l'ordre des numéros, nommeront un conseiller de plus. Leur réunion aura lieu à cet effet successivement, à deux jours de distance.

L'ordre des numéros sera déterminé pour la première fois par la voie du sort, en assemblée publique du conseil municipal. A chaque élection nouvelle, la section qui avait le premier numéro dans l'élection précédente prendra le dernier, celle qui avait le second prendra le premier, et ainsi de suite.

Les sections seront présidées, savoir : la première à voter, par le maire, et les autres successivement, par les adjoints, dans l'ordre de leur nomination, et par les conseillers municipaux dans l'ordre du tableau. Les quatre scrutateurs sont les deux plus âgés et les deux plus jeunes des électeurs présents sachant lire et écrire; le bureau ainsi constitué désigne le secrétaire.

Art. 45. Dans les communes qui ont moins de deux mille cinq cents âmes, les électeurs se réuniront en une seule assemblée. Toutefois sur la proposition du conseil général du département, et le conseil municipal entendu, les électeurs pourront être divisés en sections par un arrêté du préfet. Le même arrêté fixera le nombre et la limite des sections, et le nombre des conseillers qui devront être nommés par chacune d'elles.

Les dispositions du précédent article relatives à la constitution du bureau sont applicables aux assemblées électorales des communes qui ont moins de deux mille cinq cents âmes.

Art. 46. Lorsqu'en exécution de l'article 22 il y aura lieu à remplacer les conseillers municipaux dans les communes dont le corps électoral se divise en sections, ces remplacements seront faits par les sections qui avaient élu ces conseillers.

Art. 47. Aucun électeur ne pourra déposer son vote qu'après avoir prêté, entre les mains du président, serment de fidélité au Roi des Français, d'obéissance à la Charte constitutionnelle et aux lois du royaume.

Art. 48. Le président a seul la police des assemblées. Elles ne peuvent s'occuper d'autres objets que des élections qui leur sont attribuées. Toute discussion, toute délibération leur sont interdites.

Art. 49. Les assemblées des électeurs communaux procèdent aux élections qui leur sont attribuées au scrutin de liste. La majorité absolue des votes exprimés est nécessaire au premier tour de scrutin; la majorité relative suffit au second.

Les deux tours de scrutin peuvent avoir lieu le même jour. Chaque scrutin doit rester ouvert pendant trois heures au moins. Trois membres du bureau au moins seront toujours présents.

Art. 50. Le bureau juge provisoirement les difficultés qui s'élèvent sur les opérations de l'assemblée.

Art. 51. Les procès-verbaux des assemblées des électeurs communaux seront adressés par l'intermédiaire du sous-préfet au préfet, avant l'installation des conseillers élus.

Si le préfet estime que les formes et conditions légalement prescrites n'ont pas été remplies, il devra déférer le jugement de la nullité au conseil de préfecture dans le délai de quinze jours, à dater de la réception du procès-verbal. Le conseil de préfecture prononcera dans le délai d'un mois.

Art. 52. Tout membre de l'assemblée aura également le droit d'arguer les opérations de nullité. Dans ce cas, si la réclamation n'a pas été consignée au procès-verbal, elle devra être déposée dans le délai de cinq jours, à compter du jour de l'élection, au secrétariat de la mairie ; il en sera donné récépissé, et elle sera jugée dans le délai d'un mois par le conseil de préfecture (1).

Si la réclamation est fondée sur l'incapacité légale d'un ou de plusieurs des membres élus, la question sera portée devant le tribunal d'arrondissement, qui statuera comme il est dit à l'article 42.

S'il n'y a pas eu de réclamations portées devant le conseil de préfecture, ou si ce conseil a négligé de prononcer dans les délais ci-dessus fixés, l'installation des conseillers élus aura lieu de plein droit. Dans tous les cas où l'annulation aura été prononcée, l'assemblée des électeurs devra être convoquée dans le délai de quinze jours, à partir de cette annulation.

L'ancien conseil restera en fonctions jusqu'à l'installation du nouveau.

(1) Une ordonnance du roi, rendue par le conseil d'état le 15 juillet 1841, entre Pons et autres, a décidé que les conseils de préfecture, seuls compétents pour juger les réclamations en matière d'élections municipales, sont de même seuls compétents pour prononcer sur la recevabilité de ces réclamations ; et par suite, un préfet excède ses pouvoirs lorsqu'il décide qu'une réclamation, contre des opérations électorales, a été formée hors du délai fixé par la loi. (*Voyez* Dalloz, jurisprudence générale, tom. 42, part. 3, p. 194.)

CHAPITRE IV.

Dispositions transitoires.

Art. 53. Toutes les opérations relatives à la confection des listes pour la première convocation des assemblées des électeurs devront être terminées dans le délai de six mois, à dater de la promulgation de la présente loi. La première nomination qui sera faite aura lieu intégralement pour chaque conseil municipal.

Lors de la deuxième élection, qui aura lieu trois ans après, le sort désignera ceux qui seront compris dans la moitié sortant.

Si la totalité du corps municipal est en nombre impair, la fraction la plus forte sortira la première.

Art. 54. L'exécution de la présente loi pourra être suspendue par le Gouvernement dans les communes où il le jugera nécessaire.

Cette suspension ne pourra durer plus d'un an, à partir de la promulgation de la présente loi.

Nous avons pensé que cette loi devait être connue en entier, comme étant une institution organique de première nécessité, à laquelle on pourra recourir dans tous les temps. Il s'agirait actuellement de rapporter la loi du 18-22 juillet 1837, sur *l'administration municipale*, dans laquelle se trouvent les principales bases des règles qui doivent être appliquées par tout administrateur de la société civile; mais se trouvant entre les mains de tous les magistrats, auxquels le pouvoir municipal est confié, nous croyons inutile d'en faire connaître les dispositions, que l'on doit néanmoins consulter; car cette loi forme véritablement un

Code administratif; nous pensons même que les maximes qu'elle renferme seront, en partie, toujours applicables.

Mais nous avons déjà dit que la loi du 19-23 avril 1831, relative à l'élection des députés, intéressait toutes les capacités; et quoiqu'elle soit en vigueur depuis plusieurs années, il nous a paru nécessaire d'en faire connaître l'entière disposition.

LOI

SUR LES ÉLECTIONS DES DÉPUTÉS

DU 19-23 AVRIL 1831.

Titre 1er. — *Des capacités électorales.*

Article premier. Tout Français, jouissant des droits civils et politiques (1), âgé de vingt-cinq ans accomplis et payant deux cents francs de contributions directes, est électeur, s'il remplit d'ailleurs les autres conditions fixées par la présente loi.

Art. 2. Si le nombre des électeurs d'un arrondissement électoral ne s'élève pas à cent cinquante, ce nombre sera complété en appelant les citoyens les plus imposés au-dessous de deux cents francs.

(1) Un arrêt de la cour de Paris, rendu le 13 novembre 1841 sur les qualités politiques de Wallerstein, porte qu'aux termes de l'art. 2 de la constitution du 22 frimaire an 8, (13 décembre 1799), tout homme né et résidant en France est citoyen français, sous les seules conditions: 1° de se faire inscrire, à l'âge de 21 ans accomplis, sur le régistre civique de

Lorsqu'en vertu du paragraphe précédent les citoyens payant une quotité de contribution égale se trouveront appelés concurremment à compléter la liste des électeurs, les plus âgés seront inscrits jusqu'à concurrence du nombre déterminé par ledit article.

ART. 3. Sont en outre électeurs, en payant cent francs de contributions directes.

1° Les membres et correspondants de l'Institut;

2° Les officiers des armées de terre et de mer jouissant d'une pension de retraite de douze cents francs au moins, et justifiant d'un domicile réel de trois ans dans l'arrondissement électoral.

Les officiers en retraite pourront compter, pour compléter les douze cents francs ci-dessus, le traitement qu'ils toucheraient comme membres de la Légion-d'Honneur.

ART. 4. Les contributions directes qui confèrent le droit électoral, sont la contribution foncière, les contributions personnelle et mobilière, la contribution des portes et fenêtres, les redevances fixes et proportionnelles des mines,

son arrondissement communal; 2° et de demeurer pendant un an au moins, après cette inscription, sur le territoire français; que le sénatus-consulte du 19 février 1808 et le décret du 17 mars 1809 ne s'appliquent qu'aux individus nés hors de France, d'étrangers, et par cela même étrangers eux-mêmes, qui veulent acquérir la qualité de citoyens français, et non à ceux qui sont nés en France, même d'étrangers, et dont l'état, suivant la date de leur naissance, est exclusivement réglé, soit par l'art. 2 de la constitution de l'an 8, soit par l'art. 9 du code civil; que si cet article impose de nouvelles conditions pour rester français, à celui qui est né en France d'un étranger, cette disposition ne peut porter atteinte à des droits acquis antérieurement à sa promulgation; qu'en fait, il résulte des pièces produites par WALLERSTEIN qu'il est né à Paris le 1er nivôse an 10, (22 décembre 1801), d'un père étranger, mais résidant en cette ville, où il exerçait le commerce, et où il a demeuré jusqu'à sa mort, et qu'il n'a pas cessé lui-même de demeurer à Paris depuis sa naissance jusqu'à ce jour : d'où il suit qu'il est citoyen français, et qu'il doit être maintenu sur la liste électorale. (*Voyez* DALLOZ, jurisprudence générale, tom. 42, part. 2, p. 8.)

l'impôt des patentes, et les suppléments d'impôt de toute nature connus sous le nom de centimes additionnels.

Les propriétaires des immeubles temporairement exemptés d'impôts pourront les faire expertiser contradictoirement et à leurs frais pour en constater la valeur de manière à établir l'impôt qu'ils paieraient, impôt qui alors leur sera compté pour les faire jouir des droits électoraux.

La patente sera comptée à tout médecin ou chirurgien employé dans un hôpital ou attaché à un établissement de charité et exerçant gratuitement ses fonctions, bien que, par suite de ces mêmes fonctions, il soit dispensé de la payer.

Art. 5. Le montant du droit annuel de diplôme, établi par l'article 29 du décret du 17 septembre 1808, sera compté dans le cens électoral des chefs d'institution et des maîtres de pension, tant que les lois annuelles sur les finances continueront à en autoriser la perception.

Les chefs d'institution et les maîtres de pension justifieront de leur qualité par la représentation de leur diplôme; ils justifieront du paiement du droit par la représentation de la quittance que leur aura délivrée le comptable chargé de la perception de ce droit.

Le montant de ce droit annuel ne sera compté dans le cens électoral des chefs d'institution et des maîtres de pension qu'autant que leur diplôme aura au moins une année de date à l'époque de la clôture de la liste électorale.

Art. 6. Pour former la masse des contributions nécessaires à la qualité d'électeur, on comptera à chaque français les contributions directes qu'il paie dans tout le royaume; au père, les contributions des biens de ses enfants mineurs dont il aura la jouissance, et au mari, celles de sa femme, même non commune en biens, pourvu qu'il n'y ait pas séparation de corps.

L'impôt des portes et fenêtres des propriétés louées est compté, pour la formation du cens électoral, aux locataires ou fermiers.

Les contributions foncière, des portes et fenêtres et des patentes, payées par une maison de commerce composée de plusieurs associés, seront, pour le cens électoral, partagées par égales portions entre les associés, sans autre justification qu'un certificat du président du tribunal de commerce énonçant les noms des associés. Dans le cas où l'un des associés prétendrait à une part plus élevée, soit parce qu'il serait seul propriétaire des immeubles, soit à tout autre titre, il sera admis à en justifier devant le préfet en produisant ses titres.

Art. 7. Les contributions foncière, personnelle et mobilière, et des portes et fenêtres, ne sont comptées que lorsque la propriété foncière aura été possédée, ou la location faite, antérieurement aux premières opérations de la révision annuelle des listes électorales. Cette disposition n'est point applicable au possesseur à titre successif ou par avancement d'hoirie. La patente ne comptera que lorsqu'elle aura été prise, et l'industrie exercée, un an avant la clôture de la liste électorale.

Art. 8. Les contributions directes payées par une veuve, ou par une femme séparée de corps ou divorcée, seront comptées à celui de ses fils, petits-fils, gendres ou petits-gendres qu'elle désignera.

Art. 9. Tout fermier à prix d'argent ou de denrées qui, par bail authentique (1) d'une durée de neuf ans au moins,

(1) Il a été décidé par la chambre des députés que les droits électoraux d'un fermier ne peuvent être attaqués, par cela seul qu'il n'était point porteur d'un bail *authentique*, si ce bail avait date certaine par le décès de l'un des signataires. (*Voyez* Dalloz, jurisprudence générale, tom. 42, p. 112.)

exploite par lui-même une ou plusieurs propriétés rurales, a droit de se prévaloir du tiers des contributions payées par lesdites propriétés, sans que ce tiers soit retranché au cens électoral du propriétaire.

Dans les départements où le domaine congéable est usité, il sera procédé de la manière suivante pour la répartition de l'impôt entre le propriétaire foncier et le colon.

1° Dans les *tenues* composées uniquement de maisons ou usines, les six huitièmes de l'impôt seront comptés au colon, et deux huitièmes au propriétaire foncier ;

2° Dans les *tenues* composées d'édifices et de terres labourables ou prairies, et formant ainsi un corps d'exploitation rurale, cinq huitièmes compteront au propriétaire, et trois huitièmes au colon ;

3° Enfin, dans les *tenues* sans édifices, dites *tenues sans étage*, six huitièmes seront comptés au propriétaire, et deux huitièmes seulement au colon, sauf, dans tous les cas, la faculté aux parties intéressées de demander une expertise aux frais de celle qui la requerra.

Titre 2. — *Du domicile politique.*

Art. 10. Le domicile politique de tout français est dans l'arrondissement électoral où il a son domicile réel ; néanmoins il pourra le transférer dans tout autre arrondissement électoral où il paie une contribution directe, à la charge d'en faire, six mois d'avance, une déclaration expresse au greffe du tribunal civil de l'arrondissement électoral où il aura son domicile politique actuel, et au greffe du tribunal civil de l'arrondissement électoral où il voudra le transférer : cette double déclaration sera soumise à l'enregistrement. Dans le cas où un électeur aura séparé son domicile politique de son domicile réel, la translation de son domicile réel n'emportera pas le changement de son domicile politique, et ne le dispensera pas des déclarations ci-dessus prescrites, s'il veut le réunir à son domicile réel.

Art. 11. Nul individu, appelé à des fonctions publiques, temporaires ou révocables, n'est dispensé de la susdite formalité; les individus appelés à des fonctions inamovibles pourront exercer leur droit électoral dans l'arrondissement où ils remplissent leurs fonctions.

Art. 12. Nul ne peut exercer le droit d'électeur dans deux arrondissements électoraux.

Titre 3. — *Des listes électorales.*

Art. 13. La liste des électeurs dont le droit dérive de leurs contributions, et la liste des électeurs appelés en vertu de l'article 3, sont permanentes, sauf les radiations et inscriptions qui peuvent avoir lieu lors de la révision annuelle.

Cette révision annuelle sera faite conformément aux dispositions suivantes.

Art. 14. Du 1er au 10 juin de chaque année, et aux jours qui seront indiqués par les sous-préfets, les maires des communes, composant chaque canton, se réuniront à la mairie du chef-lieu sous la présidence du maire, et procèderont à la révision de la portion des listes mentionnées à l'article précédent qui comprendra les électeurs de leur canton appelés à faire partie de ces listes. Ils se feront assister des percepteurs du canton.

Art. 15. Dans les villes qui forment à elles seules un canton, ou qui sont partagées en plusieurs cantons, la révision des listes sera faite par le maire et les trois plus anciens membres du conseil municipal, selon l'ordre du tableau. Les maires des communes qui dépendraient de l'un de ces cantons, prendront part également à cette révision sous la présidence du maire de la ville.

A Paris, les maires des douze arrondissements, assistés des percepteurs, procèderont à la révision sous la présidence du doyen de réception.

Art. 16. Le résultat de cette opération sera transmis au sous-préfet, qui, avant le 1er juillet, l'adressera avec ses observations au préfet du département.

Art. 17. A partir du 1er juillet, le préfet procédera à la révision générale des listes.

Art. 18. Le préfet ajoutera aux listes les citoyens qu'il reconnaîtra avoir acquis les qualités requises par la loi, et ceux qui auraient été précédemment omis.

Il en retranchera :

1° Les individus décédés ; 2° Ceux dont l'inscription aura été déclarée nulle par les autorités compétentes.

Il indiquera comme devant être retranchés :

1° Ceux qui auront perdu les qualités requises ; 2° Ceux qu'il reconnaîtrait avoir été indûment inscrits, quoique leur inscription n'ait point été attaquée.

Il tiendra un registre de toutes ces décisions.

Il fera mention de leurs motifs et de toutes les pièces à l'appui.

Art. 19. Les listes de l'arrondissement électoral, ainsi rectifiées par le préfet, seront affichées le 15 août au chef-lieu de chaque canton et dans les communes dont la population sera au moins de six cents habitants. Elles seront déposées, 1° au secrétariat de la mairie de chacune de ces communes ; 2° au secrétariat de la préfecture, pour être données en communication à toutes les personnes qui le requerront.

La liste des contribuables électeurs contiendra, en regard du nom de chaque individu inscrit, la date de sa naissance et l'indication des arrondissements de perception où sont assises ses contributions propres ou déléguées, ainsi que la quotité et l'espèce des contributions pour chacun des arrondissements.

La liste des électeurs désignés par l'article 3 contiendra en outre, en regard du nom de chaque individu, la date et l'espèce du titre qui lui confère le droit électoral, et l'époque de son domicile réel.

Le préfet inscrira sur cette liste ceux des individus qui, n'ayant pas atteint, au 15 août, les conditions relatives à l'âge, au domicile et à l'inscription sur le rôle de la patente, les acquerront avant le 21 octobre, époque de la clôture de la révision annuelle.

Art. 20. S'il y a moins de cent cinquante électeurs inscrits, le préfet ajoutera, sur la liste qu'il publiera le 15 août, les citoyens payant moins de deux cents francs qui devront compléter le nombre de cent cinquante, conformément au paragraphe 1er de l'art. 2.

Toutes les fois que le nombre des électeurs ne s'élèvera pas au-delà de cent cinquante, le préfet publiera à la suite de la liste électorale une liste supplémentaire dressée dans la même forme, et contenant les noms des dix citoyens susceptibles d'être appelés à compléter le nombre de cent cinquante par suite des changements qui surviendraient ultérieurement dans la composition du collége, dans les cas prévus par les art. 30, 32 et 35.

Art. 21. La publication prescrite par les art. 19 et 20 tiendra lieu de notification des décisions intervenues aux individus dont l'inscription aura été ordonnée.

Les décisions provisoires du préfet, qui indiquent ceux dont le nom devrait être retranché, comme ayant été indûment inscrits ou comme ayant perdu les qualités requises, seront notifiées dans les dix jours à ceux qu'elles concernent, ou au domicile qu'ils sont tenus d'élire dans le département pour l'exercice de leurs droits électoraux, s'ils n'y ont pas leur domicile réel, et, à défaut de domicile élu, à la mairie de leur domicile politique.

Cette notification, et toutes celles qui doivent avoir lieu aux termes de la présente loi, seront faites suivant le mode employé jusqu'à présent pour les jurés, en exécution de l'art. 389 du code d'instruction criminelle.

Art. 22. Après la publication de la liste rectifiée, il ne pourra plus y être fait de changements qu'en vertu de décisions rendues par le préfet en conseil de préfecture, dans les formes ci-après.

Art. 23. A compter du 15 août, jour de la publication, il sera ouvert, au secrétariat général de la préfecture, un registre coté et paraphé par le préfet, sur lequel seront inscrites, à la date de leur présentation et suivant, un ordre de numéros, toutes les réclamations concernant la teneur des listes. Ces réclamations seront signées par le réclamant ou par son fondé de pouvoirs.

Le préfet donnera récépissé de chaque réclamation et des pièces à l'appui. Ce récépissé énoncera la date et le numéro de l'enregistrement.

Art. 24. Tout individu qui croirait avoir à se plaindre, soit d'avoir été indûment inscrit, omis ou rayé, soit de toute autre erreur commise à son égard dans la rédaction des listes, pourra, jusqu'au 30 septembre inclusivement, présenter sa réclamation, qui devra être accompagnée de pièces justificatives.

Art. 25. Dans le même délai, tout individu inscrit sur les listes d'un arrondissement électoral pourra réclamer l'inscription de tout citoyen qui n'y sera pas porté, quoique réunissant les conditions nécessaires ; la radiation de tout individu qu'il prétendrait indûment inscrit, ou la rectification de toute autre erreur commise dans la rédaction des listes.

Ce même droit appartiendra à tout citoyen inscrit sur la liste des jurés non électeurs de l'arrondissement.

Art. 26. Aucune des demandes énoncées en l'article précédent ne sera reçue, lorsqu'elle sera formée par des tiers, qu'autant que le réclamant y joindra la preuve qu'elle a été par lui notifiée à la partie intéressée, laquelle aura dix jours pour y répondre, à partir de celui de la notification.

Art. 27. Le préfet statuera en conseil de préfecture sur les demandes dont il est fait mention aux art. 24 et 25 ci-dessus, dans les cinq jours qui suivront leur réception, quand elles seront formées par les parties elles-mêmes ou par leurs fondés de pouvoirs ; et dans les cinq jours qui suivront l'expiration du délai fixé par l'article 26, si elles sont formées par des tiers. Ses décisions seront motivées.

La communication, sans déplacement, des pièces respectivement produites sur les questions et contestations, devra être donnée à toute partie intéressée qui la requerra.

Art. 28. Les art. 23, 24, 25, 26 et 27 ci-dessus sont applicables à la liste supplémentaire prescrite par le dernier paragraphe de l'art. 20.

Art. 29. Il sera publié tous les quinze jours un tableau de rectification, conformément aux décisions rendues dans cet intervalle, et présentant les indications mentionnées en l'art. 19.

Aux termes de l'art. 21, la publication de ces tableaux de rectification tiendra lieu de notification aux individus dont l'inscription aura été ordonnée ou rectifiée.

Les décisions portant refus d'inscription, ou prononçant des radiations, seront notifiées dans les cinq jours de leur date aux individus dont l'inscription ou la radiation aura été réclamée par eux ou par des tiers.

Les décisions rejetant les demandes en radiation ou en rectification seront notifiées dans le même délai, tant au réclamant qu'à l'individu dont l'inscription aura été contestée.

Art. 30. Le préfet en conseil de préfecture apportera, s'il y a lieu, à la liste électorale, en dressant les tableaux de rectification, les changements nécessaires pour maintenir le collége au complet de cent cinquante électeurs. Il maintiendra également la liste supplémentaire au nombre de dix suppléants.

Art. 31. Le 16 octobre, le préfet procèdera à la clôture des listes. Le dernier tableau de rectification, l'arrêté de clôture des listes des colléges électoraux du département, seront publiés et affichés le 20 du même mois.

Art. 32. La liste restera, jusqu'au 20 octobre de l'année suivante, telle qu'elle aura été arrêtée conformément à l'article précédent, sauf néanmoins les changements qui y seront ordonnés par des arrêts rendus dans la forme déterminée par les articles ci-après, et sauf aussi la radiation des noms des électeurs décédés, ou privés des droits civils ou politiques par jugements ayant acquis force de chose jugée.

L'élection, à quelque époque de l'année qu'elle ait lieu, se fera sur ces listes.

Art. 33. Toute partie qui se croira fondée à contester

une décision rendue par le préfet pourra porter son action devant la cour royale du ressort, et y produire toutes pièces à l'appui.

L'exploit introductif d'instance devra, sous peine de nullité, être notifié dans les dix jours, quelle que soit la distance des lieux, tant au préfet qu'aux parties intéressées.

Dans le cas où la décision du préfet aurait rejeté une demande d'inscription formée par un tiers, l'action ne pourra être intentée que par l'individu dont l'inscription aurait été réclamée.

La cause sera jugée sommairement, toutes affaires cessantes, et sans qu'il soit besoin du ministère d'avoué. Les actes judiciaires auxquels elle donnera lieu seront enregistrés *gratis*. L'affaire sera rapportée en audience publique par un des membres de la cour, et l'arrêt sera prononcé après que la partie ou son défenseur et le ministère public auront été entendus.

S'il y a pourvoi en cassation, il sera procédé sommairement, et toutes affaires cessantes, comme devant la cour royale, avec la même exemption du droit d'enregistrement, sans consignation d'amende.

Art. 34. Les réclamations portées devant les préfets en conseil de préfecture, et les actions intentées devant les cours royales par suite d'une décision qui aura rayé un individu de la liste, auront un effet suspensif.

Art. 35. Le préfet, sur la notification de l'arrêt intervenu, fera sur la liste la rectification qui aura été prescrite.

Si, par suite de la radiation prescrite par arrêt de la cour royale, la liste se trouve réduite à moins de cent cinquante, le préfet en conseil de préfecture complètera ce nombre, en prenant les plus imposés de la liste supplémentaire arrêtée le 16 octobre, et seulement jusqu'à épuisement de cette liste.

Art. 36. Les percepteurs des contributions directes seront tenus de délivrer sur papier libre, et moyennant une rétribution de vingt-cinq centimes par extrait de rôle concernant le même contribuable, à toute personne portée au rôle, l'extrait relatif à ses contributions, et à tout individu qualifié comme il est dit à l'art. 25 ci-dessus, tout certificat négatif ou tout extrait des rôles de contributions.

Art. 37. Il sera donné communication des listes annuelles et des tableaux de rectification à tous les imprimeurs qui voudront en prendre copie. Il leur sera permis de les faire imprimer sous tel format qu'il leur plaira choisir, et de les mettre en vente.

Titre 4. *Des colléges électoraux.*

Art. 38. La chambre des députés est composée de quatre cent cinquante-neuf députés.

Art. 39. Chaque collége électoral n'élit qu'un député.

Le nombre des députés de chaque département et la division des départements en arrondissements électoraux sont réglés par le tableau ci-joint, faisant partie de la présente loi.

Art. 40. Les colléges électoraux sont convoqués par le roi. Ils se réunissent dans la ville de l'arrondissement électoral ou administratif que le roi désigne. Ils ne peuvent s'occuper d'autres objets que de l'élection des députés ; toute discussion, toute délibération leur sont interdites.

Art. 41. Les électeurs se réunissent en une seule assemblée dans les arrondissements électoraux où leur nombre n'excède pas six cents.

Dans les arrondissements où il y a plus de six cents électeurs, le collége est divisé en sections ; chaque section comprend trois cents électeurs au moins, et concourt directement à la nomination du député que le collége doit élire.

Art. 42. Les présidents, vice-présidents, juges et juges suppléants des tribunaux de première instance, dans l'ordre du tableau, auront la présidence provisoire des colléges électoraux, lorsque ces colléges s'assembleront dans une ville chef-lieu d'un tribunal. Lorsqu'ils s'assembleront dans une autre ville, comme dans le cas où, attendu le nombre des colléges ou des sections, celui des juges serait insuffisant, la présidence provisoire sera, à leur défaut, déférée au maire, à ses adjoints, et successivement aux conseillers municipaux de la ville où se fait l'élection, aussi dans l'ordre du tableau.

Si le collége se divise en sections, la première sera présidée provisoirement par le premier des fonctionnaires dans l'ordre du tableau; la seconde le sera par celui qui vient après, et successivement.

Si plusieurs colléges se réunissent dans la même ville, leur présidence provisoire sera déférée de la même manière et dans le même ordre que le serait celle des sections.

Si plusieurs colléges réunis dans la même ville se subdivisent en sections, la première du premier collége sera provisoirement présidée par le fonctionnaire le plus élevé ou le plus ancien dans l'ordre du tableau; la première section du second collége le sera par le deuxième; la seconde section du premier collége par le troisième; la seconde section du deuxième collége par le quatrième, et ainsi des autres.

Les deux électeurs les plus âgés et les deux plus jeunes inscrits sur la liste du collége ou de la section sont scrutateurs provisoires. Le bureau choisit le secrétaire, qui n'a que voix consultative.

Art. 43. La liste des électeurs de l'arrondissement doit rester affichée dans la salle des séances pendant le cours des opérations.

Art. 44. Le collége ou la section élit à la majorité simple le président et les scrutateurs définitifs. Le bureau, ainsi formé, nomme un secrétaire qui n'a que voix consultative.

Art. 45. Le président du collége ou de la section a seul la police de l'assemblée. Nulle force armée ne peut être placée, sans sa réquisition, dans la salle des séances, ni aux abords du lieu où se tient l'assemblée. Les autorités civiles et les commandants militaires sont tenus d'obéir à ses réquisitions.

Trois membres au moins du bureau seront toujours présents.

Le bureau prononce provisoirement sur les difficultés qui s'élèvent touchant les opérations du collége ou de la section.

Toutes les réclamations sont insérées au procès-verbal, ainsi que les décisions motivées du bureau. Les pièces ou bulletins relatifs aux réclamations sont paraphés par les membres du bureau et annexés au procès-verbal.

La chambre des députés prononce définitivement sur les réclamations (1).

Art. 46. Nul ne pourra être admis à voter, soit pour la formation du bureau définitif, soit pour l'élection du député, s'il n'est inscrit sur la liste affichée dans la salle et remise au président.

(1) La chambre des députés a décidé, sur le rapport de M. Jollivot, que l'analyse d'un bulletin où se trouvent des mots lus différemment dans le bureau du collége, ne peut être refusée, sous prétexte que ce serait porter atteinte au secret des votes. Toutefois, la décision contenant ce refus n'entraîne pas la *nullité* de l'élection, surtout si le bulletin, dont il s'agit, appartenait à un autre candidat que celui dont l'élection a été validée. *(Voyez Moniteur du 7 août 1834.)*

Toutefois le bureau sera tenu d'admettre à voter ceux qui se présenteraient munis d'un arrêt de la cour royale déclarant qu'ils font partie du collége, et ceux qui justifieraient être dans le cas prévu par l'art. 34 de la présente loi.

Art. 47. Avant de voter pour la première fois, chaque électeur prête le serment prescrit par la loi du 31 août 1830.

Art. 48. Chaque électeur, après avoir été appelé, reçoit du président un bulletin ouvert, sur lequel il écrit ou fait écrire secrètement son vote par un électeur de son choix, sur une table disposée à cet effet et séparée du bureau.

Puis il remet son bulletin écrit et fermé au président, qui le dépose dans la boîte destinée à cet usage.

Art. 49. La table placée devant le président et les scrutateurs sera disposée de telle sorte, que les électeurs puissent circuler alentour pendant le dépouillement du scrutin.

Art. 50. A mesure que chaque électeur déposera son bulletin, un des scrutateurs, ou le secrétaire, constatera ce vote en écrivant son propre nom en regard de celui du votant, sur une liste à ce destinée, et qui contiendra les noms et qualifications de tous les membres du collége ou de la section.

Chaque scrutin reste ouvert pendant six heures au moins, et est clos à trois heures du soir, et dépouillé séance tenante.

Art. 51. Lorsque la boîte du scrutin aura été ouverte et le nombre des bulletins vérifié, un des scrutateurs prendra successivement chaque bulletin, le dépliera, le remettra au président, qui en fera lecture à haute voix et le passera à un autre scrutateur : le résultat de chaque scrutin est immédiatement rendu public.

Art. 52. Immédiatement après le dépouillement, les bulletins seront brûlés en présence du collége.

Art. 53. Dans les colléges divisés en plusieurs sections, le dépouillement du scrutin se fait dans chaque section ; le résultat en est arrêté et signé par le bureau ; il est immédiatement porté par le président de chaque section au bureau de la première section, qui fait, en présence de tous les présidents des sections, le recensement général des votes.

Art. 54. Nul n'est élu à l'un des deux premiers tours de scrutin s'il ne réunit plus du tiers des voix de la totalité des membres qui composent le collége, et plus de la moitié des suffrages exprimés (1).

Art. 55. Après les deux premiers tours de scrutin, si l'élection n'est point faite, le bureau proclame les noms des deux candidats qui ont obtenu le plus de suffrages ; et, au troisième tour de scrutin, les suffrages ne pourront être valablement donnés qu'à l'un de ces deux candidats.

La nomination a lieu à la pluralité des votes exprimés.

Art. 56. Dans tous les cas où il y aura concours par égalité de suffrages, le plus âgé obtiendra la préférence.

Art. 57. La session de chaque collége est de dix jours au plus. Il ne peut y avoir qu'une séance et un seul scrutin par jour. La séance est levée immédiatement après le dépouillement du scrutin, sauf les décisions à porter par le bureau sur les réclamations qui lui sont présentées au sujet de ce dépouillement, et sur lesquelles il sera statué séance tenante.

Art. 58. Nul électeur ne peut se présenter armé dans un collége électoral.

Titre 5. — *Des éligibles.*

Art. 59. Nul ne sera éligible à la chambre des députés,

(1) Nous observons que des bulletins, portant des désignations jugées insuffisantes, ne doivent pas cependant être considérés comme nuls. La chambre des députés est d'avis qu'ils doivent compter pour la fixation de la majorité comme des suffrages exprimés.

si, au jour de son élection, il n'est âgé de trente ans, et s'il ne paie cinq cents francs de contributions directes, sauf le cas prévu par l'art. 33 de la charte. Les dispositions de l'art. 7 sont applicables au cens d'éligibilité.

Art. 60. Les délégations et attributions de contributions, autorisées pour les droits électoraux par les articles 4, 5, 6, 8 et 9, le sont également pour le droit d'éligibilité.

Art. 61. La chambre des députés est seule juge des conditions d'éligibilité.

Art. 62. Lorsque des arrondissements électoraux ont élu des députés qui n'ont pas leur domicile politique dans le département, en nombre plus grand que ne l'autorise l'art. 36 de la charte, la chambre des députés tire au sort, entre ces arrondissements, celui ou ceux qui doivent procéder à une réélection.

Art. 63. Le député élu par plusieurs arrondissements électoraux sera tenu de déclarer son option à la chambre dans le mois qui suivra la déclaration de la validité des élections entre lesquelles il doit opter. A défaut d'option dans ce délai, il sera décidé, par la voie du sort, à quel arrondissement ce député appartiendra.

Art. 64. Il y a incompatibilité entre les fonctions de député et celles de préfet, sous-préfet, de receveurs généraux, de receveurs particuliers des finances et de payeurs.

Les fonctionnaires ci-dessus désignés, les officiers généraux commandant les divisions ou subdivisions militaires, les procureurs généraux près les cours royales, les procureurs du roi, les directeurs des contributions directes et indirectes, des domaines et enregistrement et des douanes dans les départements, ne pourront être élus députés par le collége électoral d'un arrondissement compris en tout ou en partie dans le ressort de leurs fonctions.

Si par démission ou autrement, les fonctionnaires ci-dessus quittaient leur emploi, ils ne seraient éligibles dans les départements, arrondissements ou ressorts dans lesquels ils ont exercé leurs fonctions, qu'après un délai de six mois, à dater du jour de la cessation des fonctions (1).

Titre 6. — *Dispositions générales* (2).

Art. 65. En cas de vacance par option, décès, démission ou autrement, le collége électoral qui doit pourvoir à la vacance sera réuni dans le délai de quarante jours. Ce délai sera de deux mois pour le département de la Corse.

En cas d'élection, soit générale, soit partielle, l'intervalle entre la réception de l'ordonnance de convocation du collége au chef-lieu du département et l'ouverture du collége, sera de vingt jours au moins.

Art. 66. La chambre des députés a seule le droit de recevoir la démission d'un de ses membres.

Art. 67. Les députés ne reçoivent ni traitement ni indemnité.

Art. 68. Les dispositions de la présente loi sont applicables à la révision de la liste des jurés non électeurs établie par les art. 1er et 2 de la loi du 2 mai 1827.

Art. 69. Il sera formé, pour chaque arrondissement électoral, une liste des jurés non électeurs qui ont leur domicile réel dans cet arrondissement.

(1) Il suit des dispositions de cet article, que les préfets, sous-préfets, receveurs et payeurs ne peuvent se faire élire *dans leur ressort*, qu'après un délai de six mois, à dater du jour de la cessation de leurs fonctions ; mais ils peuvent se faire élire AILLEURS, *même étant encore dans l'exercice de leurs fonctions.*

(2) Il est de fait, qu'une fois qu'un député s'est dépouillé de son caractère de *député* par l'acceptation de fonctions salariées, il ne dépend plus de lui de le faire revivre par la renonciation à ses fonctions. La démission, par acceptation, est un fait accompli; le caractère de député a cessé d'exister : une nouvelle élection est indispensable.

Le droit d'intervention des tiers relativement à cette liste appartient à tous les électeurs et à tous les jurés de l'arrondissement.

TABLEAU

DES DÉPUTÉS A ÉLIRE PAR DÉPARTEMENTS.

Ain, 5. — Aisne, 7. — Allier, 4. — Alpes (Basses-), 2. — Alpes (Hautes-), 2. — Ardèche, 4. — Ardennes, 4. — Ariége, 3. — Aube, 4. — Aude, 5. — Aveyron, 5. — Bouches-du-Rhône, 6. — Calvados, 7. — Cantal, 4. — Charente, 5. — Charente-Inférieure, 7. — Cher, 4. — Corrèze, 4. — Corse, 2. — Côte-d'Or, 5. — Côtes-du-Nord, 6. — Creuse, 4. — Dordogne, 7. — Doubs, 5. — Drôme, 4. — Eure, 7. — Eure-et-Loir, 4. — Finistère, 6. — Gard, 5. — Garonne (Haute-), 6. — Gers, 5. — Gironde, 9. — Hérault, 6. — Ille-et-Vilaine, 7. — Indre, 4. — Indre-et-Loire, 4. — Isère, 7. — Jura, 4. — Landes, 3. — Loir-et-Cher, 3. — Loire, 5. — Loire (Haute-), 3. — Loire-Inférieure, 7. — Loiret, 5. — Lot, 5. — Lot-et-Garonne, 5. — Lozère, 3. — Maine-et-Loire, 7. — Manche, 8. — Marne, 6. — Marne (Haute-), 4. — Mayenne, 5. — Meurthe, 6. — Meuse, 4. — Morbihan, 6. — Moselle, 6, — Nièvre, 4. — Nord, 12. — Oise, 5. — Orne, 7. — Pas-de-Calais, 8. — Puy-de-Dôme, 7. — Pyrénées (Basses-), 5. — Pyrénées (Hautes-), 3. — Pyrénées-Orientales, 3. — Rhin (Bas-), 6. — Rhin (Haut-), 5. — Rhône, 5. — Saône (Haute-), 4. — Saône-et-Loire, 7. — Sarthe, 7. — Seine, 14. — Seine-Inférieure, 11. — Seine-et-Marne, 5. — Seine-et-Oise, 7. — Sèvres (Deux-), 4. — Somme, 7. — Tarn, 5. — Tarn-et-Garonne, 4. — Var, 5. — Vaucluse, 4. — Vendée, 5. — Vienne, 5. — Vienne (Haute-), 5. — Vosges, 5. — Yonne, 5. — *Total*, 459.

Nous observons que tout ce qui intéresse la société civile se trouvant dans les lois d'organisation, il nous a paru encore indispensable de faire connaître les dispositions de la loi du 22-25 juin 1833, sur les conseils généraux des départements et d'arrondissements. Cette loi est d'une grande importance, car elle a éprouvé des discussions extraordinaires lorsqu'elle a été votée, à raison de la hiérarchie des pouvoirs administratifs. En effet, partout où se trouve un agent actif de l'administration, on a dû placer un corps délibérant : auprès du préfet, le conseil général; auprès du maire, le conseil municipal; auprès du sous-préfet, le conseil d'arrondissement. Les besoins et les intérêts du peuple exigent des garanties que l'on trouvera dans les lumières et l'indépendance des citoyens qui forment ces conseils.

LOI

Sur l'organisation des conseils généraux de départements et des conseils d'arrondissements.

Du 22-25 Juin 1833.

Titre 1er. — *Formation des conseils généraux.*

Article premier. Il y a dans chaque département un conseil général.

Art. 2. Le conseil général est composé d'autant de membres qu'il y a de cantons dans le département, sans pouvoir toutefois excéder le nombre de trente.

Art. 3. Un membre du conseil général est élu, dans chaque canton, par une assemblée électorale composée des électeurs et des citoyens portés sur la liste du jury : si leur nombre est au-dessous de cinquante, le complément sera formé par l'appel des citoyens les plus imposés.

Dans les départements qui ont plus de trente cantons, des réunions de cantons seront opérées conformément au tableau ci-annexé(1), de telle sorte que le département soit divisé en trente circonscriptions électorales.

Les électeurs, les citoyens inscrits sur la liste du jury, et les plus imposés portés sur la liste complémentaire dans chacun des cantons réunis, formeront une seule assemblée électorale.

Art. 4. Nul ne sera éligible au conseil général de département, s'il ne jouit des droits civils et politiques; si, au jour de son élection, il n'est âgé de vingt-cinq ans, et s'il ne paie, depuis un an au moins, deux cents francs de contributions directes dans le département.

Toutefois si, dans un arrondissement de sous-préfecture, le nombre des éligibles n'est pas sextuple du nombre des conseillers de département qui doivent être élus par les cantons ou circonscriptions électorales de cet arrondissement, le complément sera formé par les plus imposés.

Art. 5. Ne pourront être nommés membres des conseils généraux :

1° Les préfets, sous-préfets, secrétaires généraux, et conseillers de préfecture;

2° Les agents et comptables employés à la recette, à la perception ou au recouvrement des contributions, et au paiement des dépenses publiques de toute nature;

3° Les ingénieurs des ponts-et-chaussées et les architectes

(1) Nous ne rapportons point ce tableau, comme nous paraissant inutile.

actuellement employés par l'administration dans le département ;

4° Les agents forestiers en fonctions dans le département et les employés des bureaux des préfectures et sous préfectures.

Art. 6. Nul ne peut être membre de plusieurs conseils généraux.

Art. 7. Lorsqu'un membre du conseil général aura manqué à deux sessions consécutives sans excuses légitimes ou empêchement admis par le conseil, il sera considéré comme démissionnaire, et il sera procédé à une nouvelle élection, conformément à l'art. 11.

Art. 8. Les membres des conseils généraux sont nommés pour *neuf* ans ; ils sont renouvelés par *tiers* tous les *trois* ans, et sont indéfiniment rééligibles.

A la session qui suivra la première élection des conseils généraux, le conseil général divisera les cantons ou circonscriptions électorales du département en trois séries, en répartissant, autant qu'il sera possible, dans une proportion égale, les cantons ou circonscriptions électorales de chaque arrondissement dans chacune des séries. Il sera procédé à un tirage au sort pour régler l'ordre de renouvellement entre les séries. Ce tirage se fera par le préfet en conseil de préfecture et en séance publique.

Art. 9. La dissolution d'un conseil général peut être prononcée par le roi ; en ce cas, il est procédé à une nouvelle élection avant la session annuelle, et au plus tard dans le délai de trois mois à dater du jour de la dissolution.

Art. 10. Le conseiller de département élu dans plusieurs cantons ou circonscriptions électorales sera tenu de déclarer son option au préfet dans le mois qui suivra les élections entre lesquelles il doit opter. A défaut d'option dans ce délai, le préfet, en conseil de préfecture et en séance pu blique, décidera par la voie du sort à quel canton ou circonscription électorale le conseiller appartiendra.

Il sera procédé de la même manière lorsqu'un citoyen aura été élu à-la-fois membre du conseil général et membre d'un ou plusieurs conseils d'arrondissement.

Art. 11. En cas de vacance par option, décès, démission, perte des droits civils ou politiques, l'assemblée électorale qui doit pourvoir à la vacance sera réunie dans le délai de deux mois.

Titre 2. — *Règle de la session des conseils généraux.*

Art. 12. Un conseil général ne peut se réunir s'il n'a été convoqué par le préfet en vertu d'une ordonnance du roi, qui détermine l'époque et la durée de la session.

Au jour indiqué pour la réunion du conseil général, le préfet donnera lecture de l'ordonnance de convocation, recevra le serment des conseillers nouvellement élus, et déclarera au nom du roi que la session est ouverte.

Les membres nouvellement élus, qui n'ont pas assisté à l'ouverture de la session, ne prennent séance qu'après avoir prêté serment entre les mains du président du conseil général.

Le conseil, formé sous la présidence du doyen d'âge, le plus jeune faisant les fonctions de secrétaire, nommera au scrutin et à la majorité absolue des voix son président et son secrétaire.

Le préfet a entrée au conseil général; il est entendu quand il le demande, et assiste aux délibérations, excepté lorsqu'il s'agit de l'apurement de ses comptes.

Art. 13. Les séances du conseil général ne sont pas publiques; il ne peut délibérer que si la moitié plus un des conseillers sont présents; les votes sont recueillis au scrutin secret toutes les fois que *quatre* des conseillers présents le réclament.

Art. 14. Tout acte ou toute délibération d'un conseil général, relatifs à des objets qui ne sont pas légalement compris dans ses attributions, sont nuls et de nul effet. La nullité sera prononcée par une ordonnance du roi.

Art. 15. Toute délibération, prise hors de la réunion légale du conseil général, est nulle de droit.

Le préfet, par un arrêté pris en conseil de préfecture, déclare la réunion illégale, prononce la nullité des actes, prend toutes les mesures nécessaires pour que l'assemblée se sépare immédiatement, et transmet son arrêté au procureur général du ressort pour l'exécution des lois et l'application, s'il y a lieu, des peines déterminées par l'art. 258 du code pénal. En cas de condamnation, les membres condamnés sont exclus du conseil et inéligibles aux conseils de département et d'arrondissement, pendant les trois années qui suivront la condamnation.

Art. 16. Il est interdit à tout conseil général de se mettre en correspondance avec un ou plusieurs conseils d'arrondissement ou de département.

En cas d'infraction à cette disposition, le conseil général sera suspendu par le préfet en attendant que le roi ait statué.

Art. 17. Il est interdit à tout conseil général de faire ou de publier aucune proclamation ou adresse.

En cas d'infraction à cette disposition, le préfet déclarera par arrêté que la session du conseil général est suspendue : il sera statué définitivement par ordonnance royale.

Art. 18. Dans les cas prévus par les deux articles précédents, le préfet transmettra son arrêté au procureur général du ressort, pour l'exécution des lois et l'application, s'il y a lieu, des peines déterminées par l'art. 123 du code pénal.

ART. 19. Tout éditeur, imprimeur, journaliste ou autre, qui rendra publics les actes interdits au conseil général par les art. 15, 16 et 17, sera passible des peines portées par l'art. 123 du code pénal.

TITRE 3. — *Des conseils d'arrondissement.*

ART. 20. Il y aura, dans chaque arrondissement de sous-préfecture, un conseil d'arrondissement composé d'autant de membres que l'arrondissement a de cantons, sans que le nombre des conseillers puisse être au-dessous de neuf.

ART. 21. Si le nombre des cantons d'un arrondissement est inférieur à neuf, une ordonnance royale répartira entre les cantons les plus peuplés le nombre de conseillers d'arrondissement à élire pour complément.

ART. 22. Les conseillers d'arrondissement sont élus dans chaque canton par l'assemblée électorale composée conformément au 1er § de l'art. 3.

Dans les départements où, conformément au deuxième paragraphe du même art. 3, des cantons ont été réunis, les membres de cette assemblée électorale sont convoqués séparément dans leurs cantons respectifs pour élire les conseillers d'arrondissement.

ART. 23. Les membres des conseils d'arrondissement peuvent être choisis parmi tous les citoyens âgés de vingt-cinq ans accomplis, jouissant des droits civils et politiques, payant dans le département, depuis un an au moins, cent cinquante francs de contributions directes, dont le tiers dans l'arrondissement, et qui ont leur domicile réel ou

7

politique dans le département. Si le nombre des éligibles n'est pas sextuple du nombre des membres du conseil d'arrondissement, le complément sera formé par les plus imposés. Les incompatibilités prononcées par l'art. 5 sont applicables aux conseillers d'arrondissement.

Art. 24. Nul ne peut être membre de plusieurs conseils d'arrondissement, ni d'un conseil d'arrondissement et d'un conseil général.

Art. 25. Les membres des conseils d'arrondissement sont élus pour six ans. Ils sont renouvelés par moitié tous les trois ans. A la session qui suivra la première élection, le conseil général divisera en deux séries les cantons de chaque arrondissement. Il sera procédé à un tirage au sort pour régler l'ordre de renouvellement entre les deux séries. Ce tirage se fera par le préfet en conseil de préfecture et en séance publique.

Art. 26. Les art. 7, 9, 10, 11 de la présente loi sont applicables aux conseils d'arrondissement.

Titre 4. — *Règles pour la session des conseils d'arrondissement.*

Art. 27. Les conseils d'arrondissement ne pourront se réunir s'ils n'ont été convoqués par le préfet, en vertu d'une ordonnance du roi, qui détermine l'époque et la durée de la session.

Au jour indiqué pour la réunion d'un conseil d'arrondissement, le sous-préfet donne lecture de l'ordonnance du roi, reçoit le serment des conseillers nouvellement élus, et déclare, au nom du roi, que la session est ouverte.

Les membres nouvellement élus, qui n'ont point assisté à l'ouverture de la session, ne prennent séance qu'après avoir prêté serment entre les mains du président du conseil d'arrondissement.

Le conseil, formé sous la présidence du doyen d'âge, le plus jeune faisant les fonctions de secrétaire, nommera, au scrutin et à la majorité absolue des voix, son président et son secrétaire.

Le sous-préfet a entrée dans le conseil d'arrondissement; il est entendu quand il le demande, et assiste aux délibérations.

Art. 28. Les art. 13, 14, 15, 16, 17, 18 et 19 sont applicables à la session des conseils d'arrondissement.

Titre 5. — *Des listes d'électeurs.*

Art. 29. Si un électeur qui, aux termes de l'art. 10 de la loi du 19 avril 1831, a choisi son domicile politique hors de son domicile réel, veut néanmoins coopérer à l'élection des conseillers de département ou d'arrondissement, dans le canton de son domicile réel, il sera tenu d'en faire, trois mois d'avance, une déclaration expresse aux greffes des justices de paix du canton de son domicile politique et de son domicile réel.

Art. 30. Les citoyens qui n'ont pas été portés sur la liste départementale du jury, à cause de l'incompatibilité résultant de l'art. 383 du code d'instruction criminelle, seront d'office, ou sur leur réclamation, inscrits comme ayant droit de coopérer à l'élection des conseillers de département ou d'arrondissement dans le canton de leur domicile réel.

Art. 31. La liste supplémentaire qui comprendra les citoyens désignés aux deux articles précédents sera dressée par canton dans les mêmes formes, dans les mêmes délais, et de la même manière que les listes électorales prescrites par la loi du 19 avril 1831.

Art. 32. S'il y a moins de cinquante citoyens inscrits sur lesdites listes, le préfet dressera une troisième liste comprenant les citoyens ayant leur domicile réel dans le canton, qui devront compléter le nombre de cinquante, conformément à l'art. 3 de la présente loi. Cette liste sera affichée dans toutes les communes du canton.

Toutes les fois que le nombre des citoyens portés sur la liste électorale d'un canton et sur la liste supplémentaire mentionnée à l'art. 31, ne s'élèvera pas au-delà de cinquante, le préfet fera publier dans les communes du canton une liste dressée dans la même forme et contenant les noms des dix citoyens susceptibles d'être appelés à compléter le nombre de cinquante par suite des changements qui surviendraient ultérieurement dans les listes électorales ou du jury.

Art. 33. Tout citoyen payant dans un canton une somme de contributions qui le placerait sur la susdite liste des plus imposés pourra se faire inscrire, bien qu'il n'y ait point son domicile réel, en faisant la déclaration prescrite par l'art. 29.

Titre 6. — *De la tenue des assemblées électorales.*

Art. 34. Les assemblées électorales sont convoquées par le préfet au chef-lieu de canton, et, lorsque l'assemblée comprend plus d'un canton, au chef-lieu d'un des cantons réunis.

Toutefois, le préfet pourra désigner, pour la tenue de l'assemblée, le chef-lieu d'une commune plus centrale ou de communications plus faciles.

Art. 35. Il n'y aura qu'une seule assemblée lorsque le nombre des citoyens appelés à voter ne sera pas supérieur à trois cents. Au delà de ce nombre, le préfet prendra un arrêté pour diviser l'assemblée en sections ; aucune section ne pourra comprendre moins de cent ni plus de trois cents.

Art. 36. Si l'assemblée n'est pas fractionnée en sections, la présidence appartient au maire du chef-lieu de canton.

Dans le cas contraire, le maire préside la première section. Les adjoints, et, à défaut des adjoints, les membres du conseil municipal de cette commune, selon l'ordre du tableau, président les autres sections.

Le droit de suffrage est exercé par le président de l'assemblée et par les présidents de sections, même lorsqu'ils ne sont pas inscrits sur les listes.

Art. 37. Le président a seul la police de l'assemblée ou de la section où il siége; les assemblées ne peuvent s'occuper d'aucun autre objet que des élections qui leur sont attribuées. Toutes discussions, toutes délibérations leur sont interdites.

Art. 38. Nul électeur ne peut se présenter armé dans l'assemblée.

Art. 39. Le président appelle au bureau, pour remplir les fonctions de scrutateurs, les deux plus âgés et les deux plus jeunes des électeurs présents à la séance, sachant lire et écrire. Le bureau ainsi constitué désigne le secrétaire.

Art. 40. Nul ne pourra être admis à voter, s'il n'est inscrit, soit sur la liste des électeurs et du jury, soit sur la liste supplémentaire mentionnée à l'art. 31, soit enfin sur la liste des plus imposés mentionnée à l'art. 32.

Ces listes seront affichées dans la salle et déposées sur le bureau du président; toutefois, le bureau sera tenu d'admettre à voter ceux qui se présenteraient munis d'un arrêt de la cour royale déclarant qu'ils font partie d'une des listes susdites, et ceux qui sont en instance, soit devant le tribunal, soit devant le conseil de préfecture, au sujet d'une décision qui aurait ordonné que leurs noms seraient rayés de la liste.

Cette admission n'entraînera aucun retranchement sur la liste complémentaire des plus imposés.

Art. 41. Avant de voter pour la première fois, chaque membre de l'assemblée prête le serment prescrit par la loi du 31 août 1830.

Art. 42. Chaque électeur, après avoir été appelé, reçoit du président un bulletin ouvert, où il écrit ou fait écrire secrètement son vote par un électeur de son choix, sur une table disposée à cet effet, et séparée du bureau; puis il remet son bulletin écrit et fermé au président, qui le dépose dans la boîte destinée à cet usage.

Art. 43. La table placée devant le président et les scrutateurs sera disposée de telle sorte que les électeurs puissent circuler à l'entour pendant le dépouillement du scrutin.

Art. 44. Les votants sont successivement inscrits sur une liste qui est ensuite annexée au procès-verbal des opérations, après avoir été certifiée et signée par les membres du bureau.

Art. 45. La présence du *tiers* plus un des électeurs inscrits sur les listes, et la majorité absolue des votes exprimés sont nécessaires, au premier tour de scrutin, pour qu'il y ait élection.

Au deuxième tour de scrutin, la majorité relative suffit, quel que soit le nombre des électeurs présents.

En cas d'égalité du nombre de suffrages, l'élection est acquise au plus âgé.

Art. 46. Lorsque la boîte du scrutin aura été ouverte et le nombre des bulletins vérifié, un des scrutateurs prendra successivement chaque bulletin, le dépliera, le remettra au président, qui en fera la lecture à haute voix et le passera à un autre scrutateur.

Immédiatement après le dépouillement, les bulletins seront brûlés en présence de l'assemblée.

Dans les assemblées divisées en plusieurs sections, le dépouillement du scrutin se fait dans chaque section ; le résultat en est arrêté et signé par les membres du bureau ; il est immédiatement porté par le président de chaque section au bureau de la première section, qui fait, en présence des présidents de toutes les sections, le recensement général des votes.

Art. 47. Les deux tours de scrutin prévus par l'art. 45 ci-dessus peuvent avoir lieu le même jour ; mais chaque scrutin doit rester ouvert pendant trois heures au moins.

Trois membres au moins du bureau, y compris le secrétaire, doivent toujours être présents.

Art. 48. Le bureau statue provisoirement sur les difficultés qui s'élèvent au sujet des opérations de l'assemblée.

Art. 49. En aucun cas, les opérations de l'assemblée électorale ne pourront durer plus de deux jours.

Art. 50. Les procès-verbaux des opérations des assemblées remis par les présidents sont, par l'intermédiaire du sous-préfet, transmis au préfet, qui, s'il croit que les conditions et les formalités légalement prescrites n'ont pas été observées, doit, dans le délai de quinze jours, à dater de la réception du procès-verbal, déférer le jugement de la nullité au conseil de préfecture, lequel prononcera dans le mois.

Art. 51. Tout membre de l'assemblée électorale a le droit d'arguer les opérations de nullité. Si sa réclamation n'a pas été consignée au procès-verbal, elle est déposée dans le délai de cinq jours, à partir du jour de l'élection, au secrétariat de la sous-préfecture, et jugée, sauf recours, par le conseil de préfecture dans le délai d'un mois, à compter de sa réception à la préfecture.

Art. 52. Si la réclamation est fondée sur l'incapacité

légale d'un ou plusieurs membres élus, la question est portée devant le tribunal de l'arrondissement, qui statue, sauf l'appel. L'acte d'appel devra, sous peine de nullité, être notifié dans les dix jours à la partie, quelle que soit la distance des lieux. La cause sera jugée sommairement et conformément au § 4 de l'art. 33 de la loi du 19 avril 1831.

Art. 53. Le recours au conseil-d'état sera exercé par la voie contentieuse, jugé publiquement et sans frais.

Art. 54. Le recours devant le conseil-d'état sera suspensif lorsqu'il sera exercé par le conseiller élu.

L'appel des jugements des tribunaux ne sera pas suspensif lorsqu'il sera interjeté par le préfet.

Titre 7. — *Dispositions transitoires.*

Art. 55. L'élection des conseils généraux et des conseils d'arrondissement sera faite dans le délai de six mois, à dater de la promulgation de la présente loi.

Art. 56. Le tableau des réunions de cantons prescrites par l'art. 3 de la présente loi dans les départements qui ont plus de trente cantons, sera communiqué aux conseils généraux et aux conseils d'arrondissement institués en vertu de la présente loi, dans leur plus prochaine session.

Les observations que pourraient faire ces conseils sur les réunions de cantons seront imprimées et distribuées aux chambres.

Art. 57. La présente loi n'est pas applicable au département de la Seine : il sera statué à son égard par une loi spéciale (1).

On nous blâmera d'avoir rapporté cette loi en entier : mais, nous l'avons déjà dit, il était indispensable d'en con-

(1) *Voyez* la loi du 20 avril 1834 sur la formation du conseil général du département de la Seine.

naître les dispositions ; et quoiqu'elle reçoive son exécution depuis plusieurs années, elle peut présenter des réflexions utiles à l'esprit de ceux qui ne l'avaient point sous les yeux.

On doit encore consulter la loi du 10 mai 1838, sur les *attributions des conseils généraux.*

Ainsi fixés sur la généralité de ces lois, qui instruisent tous les hommes sur leurs droits, pour exercer la qualité de CITOYEN FRANÇAIS auprès de la puissance publique, s'il se trouvait quelque individu qui eût perdu cette qualité, nous pensons qu'il sera bien aise de connaître les moyens à prendre pour la recouvrer.

SECTION X.

De l'autorisation pour recouvrer la qualité de FRANÇAIS.

La loi n'a fixé *aucun délai* pour recouvrer la qualité de français lorsqu'on l'a perdue ; ainsi on pourra toujours la recouvrer en rentrant en France avec l'autorisation du roi, et en déclarant qu'on veut s'y fixer, et qu'on renonce à toute distinction contraire à la loi française. Les enfants nés en pays étranger d'un français qui aurait perdu cette qualité, pourront également la recouvrer en remplissant les formalités prescrites par l'art. 9 du code civil. Nous devons faire remarquer que cet article mérite une explication dans les termes qu'il embrasse ; car il dit, d'un côté, que tout individu qui se trouvera dans le cas qu'il prescrit, pourra manifester sa volonté d'être français par une *déclaration*, et ensuite il ajoute par une *soumission*. Lorsque la loi s'est servie de ces expressions, declaration et soumission, il ne faut pas croire que ces deux mots soient synonymes : ils ont une signification différente. Elle a voulu distinguer l'individu né en France et *qui y réside*, de l'individu né en France et *qui réside en pays étranger* : le premier n'a qu'une simple déclaration à faire dans l'année qui suivra sa majorité, comme quoi il est dans l'intention de fixer son domicile dans le pays natal, parce que la loi ne témoigne aucune défiance contre celui qui est né en France et qui y réside. Mais elle se tient en garde contre celui qui, né en France, habite un pays étranger : elle exige de lui un engagement solennel de fixer son domicile en France ; elle va plus loin : elle veut qu'il y établisse son domicile dans l'année, à dater du jour de sa *soumission*. Cette soumission doit se faire devant l'agent du gouvernement français, auprès de la puissance étrangère chez laquelle réside le français.

Sans l'accomplissemeut de ces conditions, l'homme né en France devient étranger, et il perd tous les droits que la naissance lui avait donnés. Telle est la distinction que nous admettons entre les mots *déclaration* et *soumission* qui se trouvent exprimés dans la loi.

Quoique nous ayons dit *les enfants nés en pays étranger*, néanmoins si l'époque de la conception d'un enfant peut se reporter à un temps ANTÉRIEUR à celui où le père a perdu la *qualité de français*, l'enfant est français de plein droit.

Mais une femme française qui épousera un étranger doit suivre la condition de son mari ; et si elle devient veuve, elle recouvrera la qualité de française, pourvu qu'elle réside en France, ou qu'elle y rentre avec l'autorisation du roi et en déclarant qu'elle veut s'y fixer.

Nous observons, avec M. Delvincourt, qu'une femme française qui a épousé un français ne perd point cette qualité, lorsque son mari devient étranger.

Il faut tenir pour principe, que les individus qui recouvreront la *qualité de français* dans les cas prévus par la loi (1), ne pourront s'en prévaloir qu'après avoir rempli

(1) *Voyez* les dispositions des art. 10, 18 et 19 du code civil.

les conditions qui leur sont imposées, et seulement pour l'exercice des *droits ouverts à leur profit depuis cette époque*. Tous les droits ouverts auparavant sont irrévocablement perdus pour eux (1); car, s'il en était autrement, ils auraient réuni, à-la-fois, en leur personne, dans le même moment, les droits d'étranger et les droits de français.

L'ordre public et la sûreté sociale exigent cette irrévocabilité, ainsi que la renonciation prescrite par la loi à toute distinction aux lois françaises; et *l'autorisation pour recouvrer cette qualité de français* doit être sollicitée par requête adressée au roi, remise au grand chancelier de France qui la fait parvenir à Sa Majesté par l'intermédiaire d'un référendaire aux sceaux. Il faut généralement penser que le français qui a perdu volontairement sa qualité de français, aura le désir de la recouvrer; mais le roi peut lui refuser l'autorisation. C'est donc à l'impétrant à bien appuyer sa demande pour justifier de ses bonnes intentions qui sont toujours présumées. C'est l'ordonnance qui accorde cette autorisation : c'est elle qui, en réintégrant le français dans ses droits, fixe, par sa *date* ou dans son *contenu*, le jour auquel il les a recouvrés. Aussi, tant qu'il ne l'a pas encore obtenue, il doit être assigné, *à peine de nullité*, devant le tribunal du lieu de sa résidence de fait, et non devant le tribunal du lieu où sont situées ses principales propriétés; attendu qu'il n'a pas encore un domicile réel qui ne peut être acquis qu'en vertu de l'ordonnance de réintégration (2).

(1) *Voyez* l'art. 15 du sénatus-consulte du 6 floréal an 10, et PAILLIET, jurisprudence des successions, tom. 3, p. 262 et suiv.

(2) *Voyez*, par analogie, un arrêt de la cour royale de Paris, du 9 mai 1835, rapporté par DALLOZ, jurisprudence générale, tom. 35, partie 2, pag. 103.

Notre charte constitutionnelle a posé pour principe dans son article premier, que *tous les français sont égaux devant la loi, quels que soient d'ailleurs leurs titres et leurs rangs*. D'après ces expressions tous les hommes peuvent faire ce qu'ils jugent convenable, pourvu qu'ils ne dérogent point aux lois qui intéressent l'ordre public et les bonnes mœurs, suivant les dispositions de l'art. 6 du code civil.

En effet, l'équité naturelle exige que l'homme qui retire tous les avantages de l'ordre social, se conforme aux obligations que ce même ordre lui impose : de là, la nécessité de faire connaître les dispositions des lois civiles qui régissent tous les français, et auxquelles nous sommes obligés de nous conformer durant notre vie. C'est une volonté souveraine qui est obligatoire pour tous ; et cette volonté est une justice qui doit être exercée, non d'après la rigueur de ces mêmes lois, mais avec une réflexion et un adoucissement convenable aux circonstances.

TITRE PREMIER.

De l'âge auquel on peut faire les actes de la vie civile (1).

Ce serait en vain qu'une personne aurait donné son consentement à une convention, si cette personne n'avait pas la capacité de s'obliger, (par *capacité* il faut entendre celui qui est capable, qui a l'aptitude à faire une chose, à disposer, à recevoir, à vendre, etc) (2) parce que l'essence de l'acte ou de la convention consiste dans le consentement. Il s'en suit donc qu'il faut être capable de consentir, et par conséquent avoir l'usage de la raison qui ne peut s'acquérir que par l'âge. En effet, c'est par l'âge que l'homme devient habile pour contracter, pour se marier, pour tester, et enfin pour faire tout ce qui rentre dans le domaine de la vie civile, ce qui nous force de diviser ce titre en deux chapitres pour le faire bien comprendre.

CHAPITRE PREMIER.

Age auquel on peut contracter.

On doit entendre par *âge* les différentes périodes annuelles de l'existence d'une personne ou du temps pendant lequel elle a vécu. On n'est pas capable à tout âge de faire toute espèce d'actes. Nous expliquerons dans le chapitre suivant ce qu'on entend par actes de la vie civile ; mais dans ce moment nous devons faire connaître l'idée générale

(1) *Voyez* les dispositions des art. 1123 et suivants du code civil.
(2) *Voyez* un arrêt de la cour de cassation, du 19 décembre 1814 ; Sirey, tom. 15, Ire partie.

qu'on doit avoir sur la première apparition de l'homme sur la terre, c'est-à-dire de sa naissance, qui est son entrée dans la société qui le réclame et le protége.

Ce chapitre doit être divisé en trois paragraphes : le premier relativement à la *naissance de l'enfant;* le second relatif à *son état de minorité*, et le troisième pour *établir sa majorité*, qui est l'*âge* où l'enfant est maître de sa personne et de ses biens.

§ Ier.

Formalités à suivre pour constater la naissance d'un ENFANT (1).

La loi indique les formalités à remplir pour constater la naissance d'un enfant : c'est par un acte dont les formes sont commandées par un intérêt bien puissant pour toutes les familles. Il s'agit, pour elles, de régler l'ordre des successions, de faire connaître ceux qui sont appelés par la disposition de la loi, à succéder un jour dans les différentes branches de la parenté, dans le sein de laquelle les droits de la naissance placent ceux qu'on vient faire inscrire sur les registres de l'état civil, conformément aux dispositions de l'art. 34 et suivants du code civil.

Ces registres sont destinés à recevoir les déclarations rédigées en forme d'actes, propres à constater, jour par jour, à la suite les uns des autres et d'une manière authentique, les faits qui établissent l'état des personnes, en constituant la famille, tels que la *naissance*, le *mariage* et le *décès*. Ces trois grandes époques de la vie nous rappellent que nous naissons, que nous nous reproduisons, que nous mourons

(1) *Voyez* les dispositions des art. 55 et suiv. du code civil.

tous selon les mêmes lois ; que la nature nous crée égaux, sans nous faire pourtant semblables.

Nous observons qu'on doit mettre au rang des actes de l'état civil, les déclarations de maternité et de paternité, les reconnaissances d'enfants naturels ou adultérins, les adoptions, et, en général, tous les jugements qui prononcent sur des questions d'état : voilà ce qui forme les registres de l'état civil, qui sont communs à toutes les familles de quelque rang et de quelque distinction qu'elles soient.

On ne peut arguer de nullité un acte de l'état civil, parce qu'il ne remplirait pas toutes les formalités prescrites par la loi (1); car le législateur a voulu, par ces formalités, placer, d'une manière assurée, les individus qui sont l'objet de l'acte de naissance, dans la classe qu'ils doivent occuper dans la société. Mais il n'est pas permis à l'officier de l'état civil de faire des interpellations aux parties qui comparaissent devant lui ; il ne peut exiger d'elles que les simples déclarations voulues par la loi : il ne lui est pas permis de rechercher des faits qui ne doivent pas être insérés dans les actes. Cet officier civil n'a aucune juridiction, il n'est que le rédacteur du dire des parties : il ne peut ni les contrarier, ni leur donner une extension. Il lui est défendu de faire sur son registre aucune note, aucune énonciation étrangère, soit à la marge, soit dans le corps de l'acte, *lors même qu'il aurait, ou des preuves ou des soupçons de la fausseté des déclarations qui lui sont faites.* C'est ensuite aux parties intéressées à se pourvoir contre, si elles le jugent convenable.

Si on a omis de coucher des actes de naissance sur les

(1) *Voyez* PROUDHON, Droit français, chap. 13, *in fine*.—TOULLIER, tom. 1, n° 313 ; et DURANTON, tom. 1, n° 337.

registres, ils ne peuvent être inscrits à une date postérieure à celle qu'ils devaient avoir, qu'en vertu de jugements rendus contradictoirement avec les parties intéressées. Le procureur du roi peut même agir d'office pour faire réparer l'omission, suivant un avis du conseil d'état du 8 brumaire an 11, encore en vigueur (1).

On sait que ceux qui veulent faire ordonner quelques rectifications dans les actes de l'état civil, doivent se conformer aux dispositions des art. 855 et suivants du code de procédure civile; mais le droit de demander cette rectification n'appartient qu'aux seules parties intéressées, qui doivent, dans ce cas, présenter requête au président du tribunal. On demandait à quel tribunal il fallait s'adresser, dans le cas où les parties fussent domiciliées dans un autre arrondissement que celui où se trouvent déposés les registres de l'état civil. D'après Rodier, ordonnance de 1667, art. 10, titre 20, on était d'avis de s'adresser au tribunal où se trouvent déposés ces registres. Quant à nous, nous pensons que la partie qui demande la rectification doit appuyer sa requête des pièces justificatives adressées au président du tribunal du lieu où se trouvent domiciliées les parties intéressées à cette rectification; parce qu'il ne s'agit que de prononcer sur un fait que l'on doit discuter devant ses juges ordinaires, en cas que le tribunal ordonne la mise en cause de ceux qui pourraient avoir intérêt à contester la rectification demandée : autrement le tribunal statue sur le rapport qui est fait par un juge, d'après les conclusions du procureur du roi.

Lorsque la rectification est ordonnée, elle n'est point faite sur l'acte : d'abord, pour éviter la confusion; en second lieu, parce que le jugement étant comme non avenu pour

(1) *Voyez* un avis du conseil d'état, du 30 mars 1808.

ceux qui n'y ont point été parties, il faut que l'acte reste tel qu'il était; afin qu'en cas de contestations, les juges puissent prononcer en connaissance de cause.

Si l'acte réformé est inscrit sur un registre dont le double soit déposé au greffe, les rectifications doivent être transcrites en marge des deux registres qui sont tenus à cet effet, l'un par l'officier de l'état civil, sur le registre qui a resté à la commune, et l'autre sur le registre déposé au greffe du tribunal, sous la surveillance du procureur du roi, chargé spécialement de vérifier les registres, et de faire punir les contraventions et les négligences de l'officier de l'état civil, en faisant prononcer contre lui des amendes.

Nous observons que les français qui se trouvent en pays étranger, peuvent, à leur choix, employer les formes établies dans les pays où ils se trouvent, ou s'adresser aux agents de leur nation qui y résident, pour faire rédiger les actes de naissance, conformément à la loi française.

Toute personne peut se faire délivrer des extraits des actes de l'état civil par ceux qui sont dépositaires des registres, c'est-à-dire par le greffier du tribunal et par l'officier de l'état civil : les secrétaires de mairie ne peuvent point en délivrer. Mais s'il existe un jugement de rectification inscrit en marge, conformément à la loi, il faudra que celui qui délivre l'acte rectifié fasse mention des rectifications ordonnées : autrement ce serait tromper les parties (1). Tous les extraits ainsi délivrés et légalisés par le juge, ont le caractère d'authenticité légale; et il est de principe que les actes authentiques s'exécutent provisoirement, nonobstant la demande ou la plainte en faux.

Mais quelle est la conduite qui doit être tenue s'il n'existe

(1) *Voyez* un avis du conseil d'état, du 4 mars 1808, bulletin, n° 5175.

point de registres, ou si ces registres ont été perdus ou égarés? comment, dans ce cas, prouver la naissance?

Fixons-nous d'abord sur l'économie de la loi (1). Un français, avant d'être admis à la preuve de son état ou de celui de ses parents, doit commencer par faire une première preuve. Comme l'état des citoyens ne peut être prouvé que par les registres de l'état civil, il faut qu'il établisse d'abord devant les tribunaux, qu'il n'a point été tenu de registres dans la commune, ou qu'ils sont perdus ou égarés; ce n'est qu'après cette preuve, préalablement rapportée, que le réclamant peut être écouté. Le législateur a exigé cette première preuve, afin de consacrer irrévocablement le grand principe qui veut que les naissances ne puissent être constatées que par la preuve écrite, tirée des registres tenus à cet effet. C'est la grande règle, dit M. Daguesseau dans le onzième plaidoyer, tome 2, page 263, à laquelle il faut se tenir fortement attaché : l'état des hommes est une chose trop importante pour les familles et la société entière, pour qu'on puisse abandonner la preuve au sort trop incertain et trop suspect de la déposition des témoins.

Cependant ce principe doit nécessairement trouver des exceptions. Il serait fâcheux, dans des cas extraordinaires, de priver un homme de son état, de cela seul que les registres auraient été perdus ou consumés par le feu : la perte de ces dépôts publics ne doit pas empêcher celui qui réclame un état qui lui est légitimement acquis, de prouver ce qui était écrit sur ces registres, ou ce qu'on aurait dû y écrire, s'ils avaient été tenus conformément à ce qui est prescrit par les lois. Ainsi le juge doit tout considérer pour admettre la preuve testimoniale; et pour si peu qu'on trouve des

(1) *Voyez* les dispositions de l'art. 46 du code civil.

papiers domestiques qui fassent entrevoir l'état d'un fils légitime, on doit admettre la preuve par témoins.

D'autres circonstances peuvent se présenter encore : par exemple, l'acte de naissance, produit par un enfant, peut être contesté ainsi que certaines preuves ; alors il faut avoir recours à la possession d'état de l'enfant pour prouver sa légitimité. Cette possession d'état consiste à établir que l'enfant a porté le nom de son père ; qu'il est connu sous ce nom dans le public ; qu'il a occupé dans sa famille le rang que sa dénomination lui assignait ; qu'il a été reconnu, dans la société, pour le fils du père qu'il prétend avoir ; que ses père et mère ont pourvu à son entretien et à son éducation ; qu'ils lui ont prodigué des soins qui conviennent à des enfants légitimes ; que ses ascendants l'ont reconnu comme parent, ainsi que ses collatéraux ; enfin, que les voisins et les amis de la famille ont agi avec lui comme avec l'enfant légitime. C'est ainsi que la possession d'état se trouve bien caractérisée, et doit tenir lieu d'acte de naissance qui est le principal titre (1).

Mais dans le cas où l'enfant n'a ni titre ni possession d'état, ou qu'il a été inscrit sous de faux noms, même comme né de père et mère inconnus, il y a une grande différence dans ces divers cas. Et d'abord, s'il a un commencement de preuve par écrit, il peut demander la preuve par témoins ; parce qu'on ne lui présente aucun titre qui puisse s'opposer à sa demande. Si, au contraire, on lui présente un acte de naissance dans lequel on lui ait donné de faux noms, ou dans lequel il se trouve inscrit, comme né de père et mère inconnus, alors on lui oppose des titres destructifs de ses noms ; il doit donc s'inscrire en faux contre ces titres, et c'est en formant devant le tribunal, où se trouve

(1) *Voyez* les dispositions de l'art. 322 et suiv. du code civil.

pendante la question d'état, une simple demande de faux incident.

Nous pourrions entrer dans de grands détails à cet égard; le cercle resserré de notre ouvrage ne nous le permet point: d'ailleurs tous les auteurs se sont déjà occupés de cette matière, et il sera facile d'en connaître toute l'étendue (1).

Cependant nous avons déjà dit que, si l'enfant avait un commencement de preuve par écrit, il pouvait demander la preuve par témoins. Mais qu'appelle-t-on commencement de preuve par écrit?

L'article 324 du code civil indique les moyens d'après lesquels on doit apprécier un commencement de preuve par écrit; les circonstances sont d'un grand poids en cette matière, et le juge doit y faire la plus grande attention. Les principes généraux sont que l'écrit qui sert de commencement de preuve, doit émaner de la main de quelqu'un de ceux qui ont intérêt dans la contestation; qu'il concerne le fait dont il s'agit, et qu'il s'accorde avec les circonstances et la demande de l'enfant, pour qu'on ne puisse point soupçonner qu'il a été fait à dessein, afin de ménager ce commencement de preuve par écrit.

Mais nous pensons que, si cette preuve n'existait point, pourvu que certains faits, reconnus constants et assez graves, fussent établis, l'enfant pourrait être admis à la preuve vocale. C'est ce qu'il nous semble pouvoir induire des dispositions de l'art. 323 du code civil, en se servant de la particule disjonctive. *Cette preuve vocale*, dit la loi, ne peut être admise que lorsqu'il y a commencement de preuve par écrit, ou lorsque les présomptions ou indices résultant

(1) *Voyez* Toullier, tom. 2, pag. 186 et suiv. — Duranton, tom. 3, pag. 134. — Merlin, rép., v. légitimité, sect. 2, § 4, nº 5. — Favard, v. filiation, § 1er, nº 3.

des faits, dès-lors constants, sont assez graves pour déterminer l'admission de la *preuve vocale* : ces faits peuvent consister dans une possession d'état qui n'aurait duré qu'un temps, et qui ne serait qu'imparfaite.

Par exemple, si quelque ascendant avait reconnu l'enfant comme légitime, son suffrage pourrait être d'un grand poids ; tout comme aussi, si l'enfant en naissant avait porté sur son corps quelque marque à laquelle on pût le reconnaître, et qu'on la distinguât sur celui qui réclame la légitimité. Tout cela, même d'autres circonstances, pourrait tenir lieu de commencement de preuve ; néanmoins il ne faut pas perdre de vue le principe qui veut qu'en matière de filiation, la preuve ne soit jamais admissible sans un commencement de preuve par écrit. Cependant il peut arriver qu'un individu réclame pour sa personne l'application d'un acte de naissance qu'on lui conteste ; mais qu'on ne lui oppose point la preuve du décès de toute autre personne, à laquelle on voudrait appliquer cet acte : dans ce cas la preuve testimoniale peut être admise sans commencement de preuve par écrit, parce que l'acte qui est produit en tient lieu.

Nous devons faire remarquer qu'il ne faut pas regarder comme preuve de paternité contre un mari, la preuve de la maternité qui s'établit sur le fait de l'accouchement ; car cette preuve ne présente aucun caractère de possession d'état pour l'enfant.

Toutes les contestations qui peuvent dériver de ce que nous venons de dire, doivent être portées directement devant les tribunaux civils, et les juges ont tout pouvoir pour déterminer ce que l'on doit entendre par commencement de preuve par écrit (1). Mais il y a des circonstances où les

(1) *Voyez* journal du palais, tom. 2, pag. 203. (1839).

juges peuvent prononcer d'après des présomptions graves, précises et concordantes. Néanmoins les père et mère peuvent repousser les prétentions de ceux qui voudraient se placer au nombre de leurs descendants; tout comme les descendants peuvent s'opposer à l'action de ceux qui voudraient se placer au nombre de leurs ascendants : les uns et les autres peuvent agir sans délai, puisque leur intérêt est né et actuel. Ce droit appartient encore aux collatéraux, mais leur action n'est recevable qu'à l'ouverture de la succession, à laquelle l'enfant illégitime prétendrait : un donataire aurait le même droit; seulement, le jugement qui donne l'état à l'enfant, doit être respecté, attendu qu'il ne s'agit point ici d'un intérêt ordinaire, mais bien de l'état d'un citoyen.

§ IIe.

De l'état de minorité d'un enfant.

L'enfant est, par la nature et par la loi, placé sous la puissance paternelle. Cette puissance, étant uniquement fondée sur les rapports naturels qui unissent les parents et les enfants, appartient à la mère, aussi bien qu'au père; mais l'art. 373 du code civil, veut que *le père seul exerce cette autorité durant le mariage.* Ainsi l'enfant, à tout âge, doit honorer et respecter ses père et mère; il reste sous leur autorité, ou celle d'un tuteur, jusqu'à sa majorité, ou son émancipation (1). Pendant ce temps, il a son domicile chez eux ; car il est censé n'avoir pas assez de jugement et d'expérience pour conduire sagement ses affaires. Il est dans l'état de minorité jusqu'à ce qu'il ait atteint l'âge de vingt-

(1) *Voyez* les dispositions des art. 371 et 372 du code civil.

un ans ; c'est-à-dire que l'individu de l'un ou de l'autre sexe, étant âgé de moins de vingt-un ans, est incapable de régir et administrer ses biens et sa personne. Cette administration, d'après la loi (1), appartient à son père pendant le mariage ; et après la dissolution du mariage, le mineur est sous la tutelle du survivant de ses père ou mère ; à leur défaut, sous celle de son aïeul paternel ou maternel : on doit préférer toujours l'aïeul paternel, en cas de concurrence. La loi reconnaît plusieurs sortes de tutelle ; nous allons en faire connaître les principales distinctions, dans les sections suivantes. Nous observerons seulement que dans toute tutelle, il doit y avoir un *subrogé-tuteur* (2) qui est institué pour surveiller plus particulièrement l'administration de la tutelle, et provoquer, de la part du conseil de famille, toutes les mesures qu'il croira nécessaires de proposer dans l'intérêt du mineur. C'est au subrogé-tuteur d'agir, toutes les fois que le tuteur ne peut agir lui-même ; car si le tuteur négligeait de prendre toutes les précautions nécessaires, ou de remplir les diverses formalités imposées par la loi, le subrogé-tuteur est lui-même en faute, et se trouve exposé à des dommages-intérêts.

Les fonctions de subrogé-tuteur ne commencent qu'avec la tutelle, et s'il n'a pas été nommé lorsque la nomination du tuteur a été faite, on pourra le faire nommer par la suite, car la tutelle est toujours valable (3). Néanmoins la loi impose spécialement diverses obligations au subrogé-tuteur, outre la surveillance générale dont il est investi ; c'est donc à lui de bien se pénétrer de ses fonctions, s'il ne veut point être exposé.

(1) *Voyez* les dispositions de l'art. 389 et suiv. du code civil.
(2) *Voyez* l'art. 420 et suiv. du code civil.
(3) *Voyez* un arrêt de la cour de Grenoble, du 4 juin 1836, rapporté dans le journal du palais.

Section première.

De la tutelle des père ou mère.

D'abord, on nomme tutelle l'autorité et les fonctions d'un tuteur ; c'est le surveillant, le protecteur, le soutien du mineur : il administre ses biens, il est comptable de sa gestion et responsable de ses fautes. Le pouvoir du tuteur se borne à faire tout le bien possible à son mineur, mais il ne peut rien faire pour lui nuire ; il ne peut même vendre, aliéner ou engager ses biens sans une autorisation spéciale.

La tutelle des père ou mère s'appelle *légale ;* elle est déférée par la seule autorité de la loi (1), après la mort naturelle ou civile de l'un des époux. L'effet de cette tutelle est de conférer, de plein droit, l'administration de la personne et des biens du mineur à celui qui est désigné comme tuteur. Il n'est donc pas besoin de réunir le conseil de famille, ni de remplir aucune des formalités que la loi indique, parce que la tutelle existe par cela seul que le père ou la mère de l'enfant sont là pour prendre soin de ses intérêts ; nous dirons mieux : dans ce cas, le droit d'administration, la puissance paternelle et la tutelle se confondent : c'est un simple changement de dénomination qui entraîne bien quelques modifications, mais simplement dans les détails, surtout si c'est le père qui survit (2). Ainsi, après la dissolution du mariage, comme pendant le mariage, le père a toujours l'exercice de la puissance paternelle, et il conserve l'administration des biens de ses enfants mineurs

(1) *Voyez* les dispositions de l'art. 390 du code civil.
(2) *Voyez* Locré, tom. 6, pag. 24. — Toullier, tom. 2, pag. 299.

en qualité d'administrateur légal sous la nouvelle dénomination de tuteur.

C'est bien moins comme tuteur que comme père, que celui-ci est chargé de veiller à l'éducation de ses enfants, qu'il serait tenu de faire à ses frais, s'ils n'avaient pas eux-mêmes des biens suffisants; car il est obligé, par le droit naturel, à parfaire de ses propres biens ce qui pourrait manquer pour cet objet : cette même obligation pèse sur la mère. Ainsi, les principes qui règlent les rapports entre le tuteur et le mineur, quand il s'agira de la tutelle LÉGALE du père ou de la mère, doivent être plus larges dans leur application, que dans toute autre tutelle.

Enfin le père ou la mère, comme tuteurs, doivent rendre compte à leurs enfants, et sont tenus de toutes les obligations que la loi impose au tuteur. Néanmoins nous devons observer qu'il y a quelques distinctions à faire entre le père et la mère pour l'administration de la personne et des biens du mineur; car le père ne peut refuser la tutelle, à moins qu'il n'ait une cause légitime; la mère, au contraire, peut la refuser sans donner des motifs. La tutelle du père survivant ne peut être modifiée par la mère; au lieu que, s'il décède le premier, il peut désigner un conseil spécial dont la mère doit prendre l'avis sur tous les actes de la tutelle. Tout comme le second mariage du père ne change rien à la tutelle; tandis que, dans le même cas, la tutelle n'est conservée à la mère qu'autant que cela est ainsi décidé par le conseil de famille, qui n'est pas obligé de donner les motifs en cas de refus, quoique l'art. 447 du code civil semble l'exiger. Ce n'est pas ici, à proprement parler, une destitution ; c'est réellement une nouvelle nomination, puisque c'est le second mari qui sera, par le fait, tuteur (1).

(1) *Voyez* DELVINCOURT, tom. 1, pag. 427, note 7.

La loi prescrit au tuteur les devoirs qu'il doit remplir durant la tutelle (1); il serait trop long de les retracer : seulement, nous dirons que, s'il néglige d'administrer, en bon père de famille, les biens et affaires du mineur, il s'expose à des dommages-intérêts ; et si le tuteur est le père ou la mère, il sera, en outre, privé de la jouissance légale, suivant les dispositions du second alinéa de l'article 1442 du code civil.

Enfin, nous pensons que la mère d'un enfant naturel peut réclamer, comme sa *tutrice légale*, les droits qui lui sont acquis (2).

Section II.

De la tutelle testamentaire.

On nomme tutelle testamentaire celle qui est déférée par le dernier mourant des père et mère; pourvu, toutefois, qu'ils n'aient été eux-mêmes exclus ni destitués de la tutelle ; et l'époux dont le conjoint serait interdit, peut nommer, en mourant, un tuteur à ses enfants : c'est un droit qui est tout dans l'intérêt du mineur ; mais si l'interdiction vient à être levée, et que l'époux veuf réclame la tutelle, elle devra lui être restituée.

Le droit de désigner un tuteur est commun au père et à la mère; mais on doit faire cette différence, que la mère remariée, et non maintenue dans la tutelle, est privée de ce droit à l'égard des enfants de son premier mariage ; elle ne peut leur nommer un tuteur par son testament.

(1) *Voyez* les dispositions de l'art. 389, jusqu'à l'art. 475 *inclus.* du code civil.

(2) *Voyez* journal du palais, tom. 2, pag. 503, année 1837.

Nous observons que le tuteur, désigné par le père ou la mère, peut refuser la tutelle dans tous les cas où il eût pu le faire s'il avait été nommé par le conseil de famille (1) : d'ailleurs, l'art. 401 du code civil déclare que le tuteur, élu par le père ou la mère, n'est pas tenu d'accepter. La nomination, fût-elle faite par acte devant notaire ou par procès-verbal du juge de paix, n'en doit pas moins être considérée comme testamentaire, puisqu'elle n'est donnée qu'en vue de la mort du père ou de la mère qui l'a déférée.

Section III.

De la tutelle des ascendants.

A défaut de tutelle testamentaire, elle appartient de droit à l'aïeul paternel, et à défaut de celui-ci, à l'aïeul maternel, ainsi de suite en remontant, de manière que l'*ascendant* paternel soit toujours préféré (2) ; mais les principes du droit romain veulent que le tuteur du choix des père ou mère soit toujours préféré au tuteur légitime ascendant.

Le législateur s'est déterminé à donner la préférence à la ligne paternelle, parce que l'esprit de famille ne se trouve véritablement que dans cette ligne ; mais s'il ne se trouve aucun ascendant paternel, et qu'il n'y ait de bisaïeuls que du côté maternel, il n'y a plus de préférence, puisque le motif n'existe plus. Le conseil de famille doit choisir entre eux, et il ne peut déférer la tutelle qu'à l'un d'eux, à moins qu'il n'y ait des motifs légitimes pour les écarter ; car toutes les règles que la loi prescrit, sont de droit rigoureux, et ne peuvent être étendues d'un cas à un autre ; parce que, en

(1) *Voyez* les dispositions de l'art. 442 du code civil.
(2) *Voyez* l'art. 402 et suiv. du code civil.

effet, tout ce qui est restrictif du droit commun, a un caractère pénal, qui n'est susceptible d'aucune extension (1).

Nous devons faire remarquer, que, d'après l'esprit des art. 408 et 442 du code civil, qui veulent que les *ascendantes* puissent faire partie du conseil de famille, alors elles ont droit d'être nommées tutrices, si elles réunissent les suffrages du conseil : seulement il faut entendre les mots *veuves d'ascendants*, qui se trouvent dans le second alinéa de l'art. 408, par ceux D'ASCENDANTES VEUVES ; parce que le législateur n'a pas voulu admettre les secondes femmes des ascendants.

SECTION IV.

De la tutelle officieuse (2).

La tutelle officieuse est une protection obligatoire d'une espèce toute particulière, accordée à un enfant par celui qui n'en a point, pour parvenir à l'adopter dans la suite ; dans ce cas toutes les *incapacités légales doivent cesser*, et rien n'empêche que la tutelle officieuse soit établie par le père ou la mère d'un enfant incestueux ou adultérin. Quoi qu'il en soit, en déclarant qu'il veut se rendre tuteur officieux d'un mineur, le majeur, qui fait cette déclaration, contracte l'obligation formelle d'élever le mineur, non pas absolument comme s'il était son fils, mais au moins d'une manière convenable, en fournissant à sa nourriture, à son entretien et à son éducation.

Nous devons observer que la tutelle officieuse ne se trouve

(1) *Voyez* les art. 442 et 443 du code civil, et les art. 34 et 42 du code pénal.

(2) *Voyez* les dispositions de l'art. 361 et suiv. du code civil.

pas, quant à ses effets, mieux définie par la loi, que l'adoption; car elle n'a pas suffisamment expliqué quels étaient les rapports entre le tuteur officieux et son pupille, relativement à l'exercice de la puissance paternelle. Tout ce qui résulte de l'art. 361 du code civil, c'est que la tutelle officieuse ne pourra s'établir qu'avec le consentement de celui sous la puissance duquel l'enfant se trouve : ainsi, l'enfant ne passe point dans une nouvelle famille, en sorte que tous les attributs de la puissance paternelle devront nécessairement rester sans partage, entre les mains de ceux à qui la nature et la loi les ont remis. Ici se présente une question bien importante : car le père et la mère de l'enfant, au profit duquel est faite la déclaration de la tutelle officieuse, doivent conserver, à son égard, tous les droits résultant de la puissance paternelle; donc ils doivent avoir l'administration et la jouissance de ses biens (1), hors le cas bien entendu, dans lequel l'art. 365 du code civil déclare que cette administration sera remise au tuteur officieux.

Néanmoins, de la disposition de la loi qui veut que nul ne puisse être adopté par plusieurs, si ce n'est par deux époux, il résulte que la tutelle officieuse devient une charge de communauté qui exige la coopération des deux époux. Ainsi, par la déclaration que les parties font devant le juge de paix, de laquelle il leur donne acte, le contrat se trouve parfait sans qu'il soit besoin de le faire homologuer, parce qu'il n'y a point encore novation dans l'état civil du mineur (2). Il résulte donc que la tutelle officieuse n'a aucun des effets de l'adoption : elle n'en est qu'une voie préparatoire. C'est devant le juge de paix du domicile de

(1) *Voyez* DURANTON, tom. 3, n° 339.
(2) *Voyez* PROUDHON, tom. 2, pag. 144.

l'enfant, et entre le tuteur officieux, d'une part, et les personnes qui stipulent pour le mineur, de l'autre, que l'acte doit être fait.

Il est bien entendu que le tuteur officieux assume sur sa tête tous les devoirs et toutes les obligations du tuteur ordinaire : la loi même lui décerne la tutelle par préférence à tout autre tuteur. Ainsi les père et mère, qui ont consenti à la tutelle officieuse de leur enfant, ne conservent pas sur lui la tutelle qu'ils avaient précédemment, puisque cette charge passe au tuteur officieux ; cependant ils n'aliènent que la tutelle, et ils conservent tous les droits de la jouissance paternelle.

Mais le tuteur officieux, qui a consenti à un contrat dont l'essence est de l'obliger à nourrir, à ses dépens, le mineur, et de l'élever, doit employer les revenus du mineur à former des capitaux sans qu'il puisse les dépenser.

Lorsque le mineur est parvenu à sa majorité, il est libre de sa personne, capable de donner son consentement pour contracter; alors il peut être adopté par son tuteur officieux. Dans ce cas l'adoption et ses effets sont réglés, en tout point, par la loi sur l'adoption (1), à laquelle il faut se conformer. Mais si le tuteur ne veut pas consentir à l'adoption, le mineur, dans les *trois mois* de sa majorité, lui fait signifier une réquisition à cet effet; et s'il n'y défère point, il doit une indemnité, et peut être même forcé à remplir tous les engagements qu'il a pris dans le contrat originaire.

SECTION V.

De la tutelle DATIVE, *déférée par le conseil de famille.*

L'état d'un mineur intéresse la société; la loi ne peut pas

(1) *Voyez* les dispositions de l'art. 343 et suiv. du code civil.

le laisser sans protecteur. Ainsi, toute personne peut provoquer la nomination d'un tuteur, lorsque la tutelle légitime des père ou mère, ou ascendants manque, même lorsque la tutelle testamentaire n'a pas lieu. Alors un conseil de famille, légalement assemblé devant le juge de paix, et présidé par lui, procède à la nomination d'un tuteur : voilà pourquoi on appelle cette tutelle *dative*, comme étant déférée par le conseil de famille, dont la loi indique la forme et la composition (1). Ici le conseil de famille exerce une véritable magistrature qui s'étend sur tous les actes de la tutelle, et s'applique à tous les enfants qui se trouvent privés des administrateurs ou représentants légaux que la nature leur avait donnés; et quoique l'art. 409 du code civil permette, en ce qui le concerne, de former un conseil de famille, d'*amis;* néanmoins, dans le cas qui nous occupe, les amis qui composeront le conseil n'en veilleront pas moins, avec la même sollicitude, aux intérêts du mineur pour l'administration de sa personne et de ses biens.

Nous observons que, comme le tuteur est l'administrateur de la personne et des biens du mineur, il faut faire nommer un subrogé-tuteur, lequel n'a aucune administration; car, si la tutelle devenait vacante, le subrogé-tuteur ne pourrait jamais remplacer le tuteur dans ses fonctions : il faut qu'il provoque la nomination d'un nouveau tuteur. Mais dans le cas qui nous occupe, on peut faire exception à la règle générale, parce qu'il ne s'agit ici que d'une tutelle imparfaite : comme il n'y a point de famille, et que la plupart du temps il n'y a point de biens à administrer, alors le contrat sera parfait par la seule déclaration faite volontairement devant le juge de paix, par la personne qui se charge

(1) *Voyez* l'art. 405 et suiv. du code civil.

de l'enfant abandonné. L'administration de la personne de cet enfant, est entièrement confiée à son bienfaiteur ; mais aussi, ce bienfaiteur contracte des obligations formelles envers l'enfant ; et s'il venait à tourner son bienfait contre cet enfant, en abusant de son droit, soit en l'obligeant à des travaux trop rudes, soit en exerçant sur lui des sévices ou de mauvais traitements, il y aurait une action ouverte en justice, pour que l'enfant fit prononcer la résiliation ou annulation du contrat, même pour obtenir des dommages, après vérification, cependant, des faits, si l'intérêt de l'enfant exige cette détermination. Alors les tribunaux pourraient, sur sa plainte, user du pouvoir discrétionnaire qui leur appartient, pour régler la garde de cet enfant, en ordonnant qu'il soit placé, aux frais du tuteur officieux, dans tel établissement qui serait désigné.

Section VI.

Des droits et prérogatives du mineur.

Nous avons fait connaître ce qu'on entend par mineur, mais il est nécessaire de savoir les droits qui lui sont attribués par la loi. Elle veut que les donations qui lui sont faites, ne puissent être valablement acceptées que par son tuteur, et par son curateur lorsqu'il est émancipé : tout comme, si des mineurs ont des intérêts opposés dans une succession ou autrement, il doit leur être donné à chacun un tuteur spécial.

Le mineur, âgé de moins de seize ans, ne peut disposer de ses biens à titre gratuit, par acte entre vifs, si ce n'est par contrat de mariage, et avec le consentement et l'assistance de ceux dont le consentement est requis pour la validité du mariage; il lui est permis de disposer, par testament, lorsqu'il a atteint l'âge de seize ans, mais jusqu'à concurrence seulement de la moitié de ce qu'il lui aurait été permis de faire, s'il eût été majeur. Seulement il ne peut point disposer en faveur de son tuteur; car, parvenu à cet âge, le mineur acquiert une capacité personnelle qui lui permet de disposer *seul*, par le seul effet de sa volonté, sans consentement de son tuteur, sans autorisation du conseil de famille ou de justice. Après qu'il a atteint cet âge, il peut donc faire *lui-même* son testament sous la forme qu'il veut; il peut y insérer toutes les clauses et conditions qu'un majeur pourrait insérer lui-même, mais à la charge de ne pas dépasser la quotité disponible qui est déterminée par la loi (1) dans ce cas particulier.

Nous devons observer qu'il est un cas particulier où le mineur parvenu à l'âge de seize ans peut disposer de la *totalité* de ses biens : c'est lorsqu'il ne laissera ni parents au degré successible dans l'une ou l'autre ligne, ni enfant naturel, ni conjoint survivant; car la moitié que l'on considérerait comme indisponible ne pourrait être attribuée, dans ce cas, qu'au domaine seulement à titre de déshérence. Or, évidemment c'est dans un intérêt de famille qu'une réserve a été établie par la loi, et le domaine public ne peut pas être recevable à réclamer, à titre de déshérence, une partie de la succession de celui qui a désigné son héritier en lui donnant tout ce dont la loi lui permettait de disposer.

Ainsi, par exemple, s'il existe un légataire universel du mineur, et qu'il se soit mis en possession de toute l'hérédité, il n'y a que les héritiers, ou à défaut l'état, qui puissent se prévaloir, contre ce légataire, des dispositions

(1) Voyez les dispositions des art. 904 et 913 du code civil.

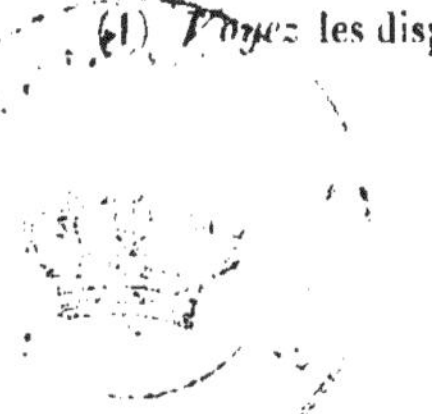

de la loi qui réduit la quotité disponible des biens de la succession : mais nous ne pensons pas que l'état ou le domaine soient recevables à demander la réduction du legs.

La prescription trentenaire, ni celle par dix et vingt ans ne courent pas contre les mineurs ; mais le délai fixé pour l'exercice de la faculté de rachat, les prescriptions particulières dont il est question à la section IV chap. V tit. XX liv. III du Code civil, et le délai fixé pour la péremption des instances, courent contre lui, sauf son recours contre son tuteur.

Il y a encore d'autres avantages ou prérogatives attachés à la personne du *mineur* : c'est le droit de faire certains actes, et de jouir de ses meubles et du revenu de ses immeubles ; ce droit dérive de l'*émancipation*. Elle se confère au mineur âgé de quinze ans par son père ou sa mère, et par le conseil de famille, à celui qui a atteint sa dix-huitième année (1). Nous observons que le père ou la mère survivant qui est privé de la tutelle ne conserve plus l'exercice plein et entier de la puissance paternelle : ils n'ont plus qu'un droit de surveillance à exercer sur leurs propres enfants ; mais l'incapacité dont ils sont frappés s'étend à tous les actes qui pourraient entraîner pour le mineur un changement d'état. Ainsi l'exclusion de la tutelle emportera nécessairement, pour le père ou la mère, déchéance du droit d'émanciper.

Qu'on nous permette néanmoins de dire que dans l'ordre de la nature, pour ce qui concerne la personne et les biens du mineur, *celui-ci* doit être considéré comme émancipé pour tous les actes qui lui sont personnels, en ce sens qu'il ne tient ce droit que de lui-même, c'est-à-dire, qu'il

(1) *Voyez* les art. 477 et 478 du code civil.

est capable d'acquérir ce qu'il jugera convenable à l'aide de son travail personnel ; et alors il se compose un *pécule* qui lui appartient en propre et dont il a , malgré son état de minorité , la libre et entière disposition. Le mineur peut donc administrer en toute liberté les sommes qu'il aura acquises par son industrie.

De là , la conséquence que le mineur doit être réputé émancipé ou majeur, pour tous les actes qu'il aura souscrits et dont il aura bénéficié. Si ce principe peut être contesté pour tous les actes en général , il est au moins incontestable, lorsqu'il s'agit seulement d'en faire l'application aux actes qui concernent l'exercice d'une profession ou d'une industrie personnelle au mineur.

Enfin , le mineur acquiert son émancipation de plein droit par le fait du mariage.

On sait que l'émancipation est une action de rendre l'homme *proprii juris*, et le fait cesser d'être une chose , une propriété *res mancipi*. En conséquence l'émancipation par mariage est *irrévocable* : c'est un principe adopté par la jurisprudence (1) ; au lieu que celle accordée par le père, la mère, ou le conseil de famille, peut être révoquée , d'après les dispositions des articles 485 et 486 du Code civil. A cet effet, il suffira de faire une déclaration devant le juge de paix , pour faire rentrer le mineur sous la puissance paternelle. Mais le mineur émancipé qui fait un commerce est réputé majeur pour les faits *seulement* relatifs à ce commerce (2). Cependant il faut qu'il ait atteint l'âge de dix-huit ans accomplis , et qu'il remplisse toutes les formalités exigées par les dispositions des art. 2 et 4 du Code de commerce.

(1) *Voyez* un arrêt de la cour de Cassation , du 21 février 1821. Sirey, tom. 21 , 1re part., pag. 60.

(2) *Voyez* les dispositions de l'art. 226 et 487 du code civil.

Puisque le mineur émancipé peut jouir de ses meubles et de ses revenus, il est certain qu'il peut consentir au transfert des inscriptions sur le grand-livre de la dette publique ; il faut qu'il soit assisté à cet effet de son curateur.

Enfin, nous ferons remarquer que tout ce qu'aurait pu faire le *mineur*, peut être *attaqué par lui ;* mais le *majeur* qui aurait contracté avec lui *ne peut* lui opposer son incapacité, qui d'ailleurs dérive de la nature ou de la loi (1). Il y a cependant à examiner jusqu'à quel point ils peuvent être liés, non-seulement par les actes qu'ils auront eux-mêmes souscrit en état de minorité, mais aussi par ceux qui auront été souscrits en leur nom par leurs tuteurs, sous l'accomplissement rigoureux des formalités requises. Car le mineur à qui on supposerait la volonté de s'obliger et la raison nécessaire pour donner son consentement, ne s'oblige cependant que sous la condition qu'il n'éprouve aucune lésion.

Ce qui diffère à cet égard l'action accordée au mineur, de celle qui est accordée dans le même cas au majeur, c'est que le majeur ne peut attaquer un contrat pour cause de lésion que dans les circonstances expressément déterminées par la loi, et en justifiant que la lésion s'élève à une quotité qui est rigoureusement fixée par un texte précis ; tandis que le mineur *puise* dans son privilége même de minorité le droit de demander la rescision du contrat, par cela seul qu'il aura éprouvé une lésion appréciable. On se trouve donc alors placé sous d'autres principes ; car c'est au juge qu'il appartient de vérifier, d'après les circonstances de la cause, si en effet le mineur a éprouvé une lésion, auquel cas il doit être admis à se faire restituer, encore bien que

(1) *Voyez* les dispositions des art. 1305 et suivants du code civil.

cette lésion ne soit en aucune manière imputable à la partie avec laquelle le mineur aurait contracté ; mais, par cela seul qu'il a été lésé, quel que soit le motif de cette lésion, pourvu qu'elle résulte du contrat lui-même, et non d'une cause extérieure à ce contrat, comme le serait par exemple un événement casuel et imprévu. Ainsi, lorsque le mineur parviendra à établir qu'il a éprouvé une lésion, il peut faire annuler l'acte ; mais cette nullité se couvre par l'effet d'une renonciation expresse ou tacite. La renonciation est expresse, lorsque le mineur ayant atteint sa majorité déclare ratifier l'acte qu'il avait souscrit en état de minorité ; elle est tacite, lorsque le mineur a laissé passer DIX ANS, à partir du jour de sa majorité, sans attaquer l'acte contre lequel il pouvait se pourvoir. Ce terme de prescription s'applique à toutes les actions de nullité ou rescision auxquelles le mineur aurait droit, notamment pour attaquer les actes ou la gestion de son tuteur, et dans le cas d'une transaction, il doit se conformer aux dispositions de l'art. 2045 du Code civil.

§ IIIe

De l'état de majorité (1).

Les lois qui fixent la majorité sont essentiellement des lois d'ordre public, qui saisissent toutes les personnes au moment même de leur promulgation ; en sorte que le majeur, par cela seul qu'il a atteint l'âge de majorité, est réputé capable d'exercer tous ses droits civils, à moins qu'il ne se trouve frappé accidentellement de quelque in-

(1) *Voyez* MERLIN, répertoire de jurisprudence, § 6, vo *majorité*, et l'art. 488 du code civil.

capacité personnelle qui ne lui permette pas d'user du bénéfice de la loi. Ainsi, le premier effet de la majorité est de donner au fils de famille qui échappe, par sa majorité même, à la puissance paternelle, le droit de se constituer un domicile propre et personnel. Cette transition du passage de la minorité à la majorité, et de l'incapacité à la capacité s'opère naturellement et par le seul effet de la loi. En conséquence, lorsque le mineur aura atteint sa majorité, la loi le déclare capable d'exercer tous les droits civils et politiques, qui sont attachés à la qualité de citoyen français. L'état de majeur est l'individu de l'un ou de l'autre sexe qui est âgé de vingt-un ans accomplis : à cet âge il est affranchi de la puissance paternelle, et, comme nous venons de le dire, il jouit de tous ses droits comme ayant la capacité nécessaire pour régir et administrer ses biens et affaires ; le *majeur*, enfin, est une personne que le législateur présume avoir acquis la maturité d'esprit et de jugement dont elle a besoin pour la conduite de ses affaires.

Le majeur doit toujours honneur et respect à ses père et mère ; l'art. 371 du Code civil dit, l'*enfant à tout âge*, ce qui naturellement nous fait penser que jamais l'*enfant* ne doit méconnaître ses devoirs envers les auteurs de ses jours ; car, s'il s'en trouve d'assez dénaturés pour porter leur main sur eux, ils doivent être *réprouvés*, abandonnés de la société des humains. Mais qu'il me soit permis de citer deux exemples. Un nommé Raymond MASSÉ a été condamné, aux assises d'Agen du mois de juillet 1842, à six années de réclusion et à la surveillance de la police pendant toute sa vie, même à l'exposition, pour avoir *frappé son père d'un coup de barre.*

Autre exemple encore plus odieux. Le nommé Pascal FABRE, âgé de 24 ans, a été condamné, le 30 août 1842 par la cour d'assises de l'Hérault, à la peine de MORT, comme parricide, pour avoir tué son père d'un coup de fusil à bout portant.

Nous pourrions citer d'autres arrêts qui prouvent l'inconduite des enfants, mais aussi nous dirons aux pères et mères de ne point abuser de leur autorité ; que la puissance sur leurs enfants ne soit qu'appui et protection : vous êtes leur soutien, et votre conduite leur fera respecter les droits de la NATURE.

Aussi la disposition de la loi qui leur accorde la majorité à vingt-un ans ajoute, *sauf la restriction portée au titre du mariage* ; et ce titre indique dans ce cas certaines obligations à remplir (1).

Il est encore fait exception à cette majorité : pour être admis aux charges publiques et offices ministériels, il faut être âgé au moins de vingt-cinq ans.

Tout comme des lois particulières fixent la majorité du souverain à un âge différent que le simple individu ; à cet égard, nous devons faire connaître la loi lu 30-31 août 1842 sur la régence, qui fixe la majorité du roi, et indique au régent, qui est tuteur, les droits qu'il a sur la personne du roi mineur.

LOI

SUR LA RÉGENCE

DU 30-31 AOUT 1842.

Art. 1er. Le Roi est majeur à l'âge de dix-huit ans accomplis.

2. Lorsque le Roi est mineur, le prince le plus proche

(1) *Voyez* les dispositions des art. 144 et suivants du code civil.

du trône, dans l'ordre de succession établi par la déclaration et la charte de 1830, âgé de vingt-un ans accomplis, est investi de la régence pour toute la durée de la minorité.

3. Le plein et entier exercice de l'autorité royale, au nom du roi mineur, appartient au régent. Il en est saisi à l'instant même de l'avènement.

4. L'article 12 de la charte et toutes les dispositions législatives qui protégent la personne et les droits constitutionnels du roi, sont applicables au régent.

5. Le régent prête devant les chambres le serment d'être fidèle au roi des Français, d'obéir à la charte constitutionnelle et aux lois du royaume, et d'agir en toutes choses dans la seule vue de l'intérêt, du bonheur et de la gloire du peuple français.

Si les chambres ne sont pas assemblées, le régent fera publier immédiatement et insérer au bulletin des lois une proclamation dans laquelle seront exprimés ce serment et la promesse de le réitérer aussitôt que les chambres seront réunies. Elles devront dans tous les cas être convoquées au plus tard dans le délai de quarante jours.

6. La garde et la tutelle du roi mineur appartiennent à la reine ou princesse sa mère, non remariée, et, à son défaut, à la reine ou princesse, son ayeule paternelle, également non remariée.

De ces diverses majorités il résulte que l'homme doit examiner sa position avant de se livrer à aucun acte de la vie civile. Notre code civil a pris soin de le conduire pas à pas dans toutes les périodes de la vie humaine : puisse le lecteur se pénétrer du vrai sens que le législateur a indiqué dans les divers articles des lois qui nous régissent.

Quoique le majeur soit capable de tous les actes de la

vie civile, il peut arriver qu'un état habituel d'infirmité morale lui ôte le jugement nécessaire pour l'administration de sa fortune et même de sa *personne*. Il est encore possible que, sans éprouver un dérangement marqué dans ses facultés intellectuelles, il soit frappé de quelqu'autre incapacité. A cet égard nous ferons remarquer que les incapacités sont absolues ou relatives : *absolues*, lorsqu'elles tiennent à la qualité de la personne, considérée en elle-même, abstraction faite de l'objet auquel elle s'applique, ou, en d'autres termes, abstraction faite de la matière du contrat; *relatives,* lorsqu'elles tiennent à des circonstances purement accidentelles, qui se rapportent plus encore à la nature du contrat qu'à la qualité de la personne (1).

Ainsi, par exemple, nous dirons que les mineurs et les interdits sont frappés d'une incapacité absolue ; la femme mariée n'est frappée que d'une incapacité relative; celle-ci donc devient habile à contracter moyennant l'accomplissement de certaines formalités prescrites par la loi.

Néanmoins le contrat passé par un mineur ou par un interdit n'en a pas moins toute sa force à l'égard du majeur qui a contracté avec eux ; en sorte que la nullité ne frappe point la convention dans son essence, mais elle-même est seulement accidentelle.

D'après ce que nous venons de dire, on peut concevoir que le prodigue est frappé d'une incapacité qui lui est préjudiciable ; car il peut arriver que cet individu ait un goût tellement excessif pour les dépenses inutiles qu'il soit exposé à être en peu de temps plongé, lui et sa famille, dans une profonde misère. Dans ce cas et autres semblables, la loi doit veiller au bien-être de celui qui manque du pou-

(1) *Voyez* DELVINCOURT, tom. 2, pag. 122; — TOULLIER, tom. 4, p. 105; tom. 6, p. 98.

voir ou de la volonté d'y veiller lui-même : de là l'interdiction ou le conseil judiciaire, dont la loi (1) a pris soin d'indiquer les formalités à remplir.

Nous observons que l'art. 29 du Code pénal établit une interdiction légale à l'égard de celui qui est condamné aux travaux forcés à temps ou à la réclusion ; il faut en conséquence lui faire nommer un curateur pour gérer et administrer ses biens.

CHAPITRE II.

Des divers actes de la vie civile.

Tout fait licite et obligatoire de l'homme peut faire la matière d'un acte public ou privé. La loi prescrit les formalités à suivre pour les divers actes de la vie civile ; il nous serait trop difficile de décrire ces actes, puisque tout dèpend de la conduite et des actions des hommes dans la société civile.

Il est de principe que les écritures privées doivent valoir comme les titres authentiques ; mais ceux-ci font pleine foi en justice jusqu'à inscription de faux (2), parce qu'ils sont reçus par un officier public et avec les solemnités requises par la loi.

Nous devons observer sur ce dernier point, que l'acte qui n'est point authentique par l'incompétence ou l'incapacité de l'officier public qui l'a reçu, ou par défaut de forme, vaut comme écriture privée, s'il a été signé par toutes parties. Mais si cet acte est synallagmatique, c'est-à-dire s'il contient des engagements respectifs entre les parties

(1) *Voyez* les dispositions des art. 489 et suivants du code civil, ainsi que l'art. 513 et suivants du même code.

(2) *Voyez* l'art. 1317 à 1320 du code civil, et notre § 1er du chap. 1 du titre 2 de la preuve littérale, d'après un titre authentique.

qui y sont dénommées, il doit être déclaré *nul* comme acte privé, parce qu'il n'est pas fait double, suivant les dispositions de l'art. 1325 du Code civil. Cependant cette nullité se trouve couverte par le fait de l'*exécution* des conventions que cet acte contient. Mais tant que cette exécution n'a pas été faite, l'action en nullité peut être opposée pendant dix ans, à moins que quelque loi particulière n'ait limité à un moindre temps cette action ; car la disposition de l'art. 1304 du Code civil n'est relative qu'aux conventions contre lesquelles les parties *contractantes* ont *personnellement* des moyens de nullité à faire valoir ; ces dispositions sont étrangères aux tiers qui les représentent, parce que l'on ne peut pas attaquer un acte dans lequel on n'a pas été partie (1).

Nous observons que, si l'acte est nul dans son essence, ce n'est point la prescription de dix ans qui sera applicable, mais la prescription de trente ans ; car il n'existe pas alors entre les parties un véritable lien de droit sujet à réversion, mais seulement la simple apparence d'un contrat.

Pour contracter, ce qui est synonyme d'acte, il faut l'entier consentement des parties ; car les conventions s'accomplissent par ce consentement mutuel, donné et arrêté réciproquement. (Leg. 2, § 1, ff., *de oblig. et action.*)

Il peut se rencontrer dans les actes ou contrats des vices que la loi qualifie d'erreur, de violence, de dol, de fraude, etc. Nous allons faire connaître les motifs qui caractérisent ces vices ; ce sera l'objet de plusieurs paragraphes.

§ Ier.

De l'erreur.

En droit *erreur* signifie ignorance ; aussi l'on dit *erreur*

(1) *Voir Journ. du Pal.*, 1834, 22 mai, c. d'Angers ; — *id.* c. de Nimes, 29 juin 1839 ; — *id.*, Cass., 16 juil. 1839.

de fait, *erreur* de droit ; en général c'est un sentiment, une opinion, un jugement contraire à la vérité, qui annule les conventions, quand elle tombe sur la substance des choses.

L'erreur est le plus grand vice des contrats ; car les conventions sont formées, comme nous l'avons déjà dit, par le consentement des parties, et il ne peut y avoir de consentement lorsque les parties ont *erré* sur l'objet de leur convention : *non videtur qui errore consentire.* (Leg. 116, § 2, ff., *de regulis juris.*)

Ainsi le consentement suppose une entière liberté d'action et de réflexion, et dès-lors il n'y a point de consentement, dans le sens que la loi doit attacher à ce mot, lorsque les circonstances qui ont précédé ou accompagné la manifestation de la volonté exprimée dans un acte, autorisent à penser que la personne qui s'est obligée n'a fait que céder à l'entraînement d'une *erreur* invincible, à l'empire d'une contrainte morale ou matérielle, ou à des suggestions de telle nature qu'une personne raisonnable pouvait s'y laisser tromper. Voilà pourquoi aucun lien de droit n'a pu être formé par celui qui n'a pas fait ce qu'il croyait faire ; en conséquence, il faut tenir pour certain que l'erreur annule la convention, non-seulement lorsqu'elle tombe sur la chose même, mais encore lorsqu'elle tombe sur la qualité de la chose que les contractants ont eu principalement en vue, et qui fait la substance de cette chose. C'est pourquoi si, voulant acheter une paire de chandeliers d'argent, j'achète de mon vendeur une paire de chandeliers de cuivre argenté, quand même il n'aurait eu aucun dessein de me tromper, étant dans la même *erreur* que moi, la convention sera *nulle*, parce que l'erreur dans laquelle j'ai été, détruit mon consentement. (Leg. 41., § 1, ff. *de contract. emptio.*)

Mais il en est autrement, lorsque l'erreur ne tombe que sur quelque qualité accidentelle de la chose : par exemple, j'achète chez un libraire un certain livre dans la fausse persuasion qu'il est excellent, quoiqu'il soit au-dessus du médiocre ; cette erreur ne détruit pas mon consentement, parce que je n'ai pas erré sur la chose qui fait l'objet de mon achat.

Nous pourrions présenter d'autres exemples qui pourraient mériter une attention toute particulière ; qu'il nous suffise de dire que l'erreur commune ou génerale est de l'intérêt public, suivant ce qu'enseigne Merlin dans son répertoire de jurisprudence, § 7, *verbo*, *erreur*.

Il y a, comme nous l'avons déjà dit, l'erreur de fait et l'erreur de droit.

On nomme erreur de fait celle qui consiste dans l'ignorance d'un événement ou d'une circonstance, c'est-à-dire à ne pas savoir une chose qui existe; comme si un héritier institué ignore le testament qui le fait héritier, ou si, sachant le testament, il ignore la mort de celui à qui il succède.

L'erreur de droit consiste à ne pas savoir ce que la loi ordonne, comme si un donataire ignore que la donation doive être expressément acceptée, ou si un héritier ignore quels sont les droits que donne cette qualité. C'est le cas de dire ici que l'ignorance des lois ne doit excuser personne (1) ; mais nous dirons aussi avec M. MUTEAU, que, pour appliquer la loi, il ne suffit pas de la connaître, il faut encore la bien comprendre. C'est d'après ce principe que nous dirons que l'action à intenter, à raison de l'erreur, soit de fait soit de droit, est la demande en *nullité* de l'acte qui en est l'objet.

(1) *Voyez* DOMAT, lois civiles, 1re part., liv. 1, tit. 18, sect. 1re.

§ II.

De la violence (1).

Nous dirons qu'il en est de la *violence* comme de l'erreur, que le consentement qui forme les conventions doit être libre ; s'il a été extorqué par violence, le contrat est vicieux. Mais la violence n'opère pas la nullité radicale et de plein droit de l'acte ou de la convention ; il faut que celui qui a été violenté ou ses héritiers demandent la rescision de cet acte.

Il faut observer que, si, depuis que la violence a cessé, celui contre qui elle a été exercée a approuvé, soit tacitement, soit expressément, la convention, en laissant passer le temps de la restitution, qui est de dix ans, depuis que la violence a cessé, le vice du contrat est purgé.

La violence qui vicie le contrat doit être une violence capable de faire impression ; le juge doit avoir égard, en cette matière, à l'âge, au sexe et à la condition des personnes ; il faut que la partie qui prétend avoir été forcée de contracter ait été intimidée d'un grand mal présent, c'est-à-dire d'un mal qu'elle ait été menacée d'endurer sur-le-champ, si elle ne faisait ce qu'on lui proposait.

Dans tous les cas où il s'agit de donner atteinte à une convention, ou à quelque consentement qu'on prétend être donné par la crainte de quelque violence ou autre mauvais traitement, il en faut juger par les circonstances, comme de l'injustice qui a été faite à celui qui prétend avoir été forcé par des menaces ou autres impressions : par exemple, si on a mis une femme en péril de son honneur, si c'était la nuit ou le jour, dans une ville ou à la campagne. C'est

(1) *Voyez* les dispositions des art. 1111 et suiv. du code civil.

par ces sortes de circonstances et autres semblables qu'il faut juger l'importance de la crainte où s'est trouvé celui qui se plaint (1). Il n'est pas précisément nécessaire que la violence soit exercée contre la personne *même* qu'on force à contracter, il suffit qu'elle soit exercée contre ses enfants ou autres personnes qui l'intéressent.

On doit observer que, pour obtenir la rescision d'un contrat, la violence doit être *injuste*, car les voies de droit ne peuvent jamais passer pour la violence que le législateur a voulu caractériser En effet, le véritable principe ne doit être pris que dans l'appréciation des faits, eu égard à la personne qui s'est obligée, à son éducation, à ses habitudes, etc. ; *car tel fait qui ne ferait aucune impression sur telle personne, pourra jeter l'effroi dans l'âme de telle autre.* C'est surtout dans l'appréciation d'une *violence* morale que les règles sont difficiles à poser, quoique la loi fasse à cet égard la plus sage distinction, et dans ce cas l'obligation est seulement vicieuse ; voilà pourquoi on ne peut que la faire rescinder. Cette action dure dix ans.

§ III.

Du dol et de la fraude.

On doit entendre par *dol* une surprise, une ruse, un artifice que l'on met en usage pour tromper. Quelques-uns distinguent le dol personnel du dol réel ; mais la mauvaise foi, qui est le principe du *dol*, vient toujours de la personne (2).

(1) *Voyez* DOMAT, tom. 1er, pag. 247.

(2) *Voyez* MERLIN, répertoire de jurisprudence, v° *dol*, n° 2. — TOULLIER, tom. 1er, pag. 155 et 440, et DURANTON, tom. 10, nos 185 et suiv.

Le dol produit la nullité des conventions et autres actes où il a présidé, car tout artifice qui tend à surprendre, à tromper, ou à séduire la volonté, et qui engage à faire ce qu'on ne ferait pas, si l'on n'y était induit, doit produire la nullité de ce qu'on a fait. Cependant le contrat n'est pas absolument nul, parce que le consentement donné, quoique surpris, ne laisse pas d'être consentement; mais ce contrat est vicieux, et la partie qui a été surprise peut le faire rescinder, parce qu'il pèche contre la bonne foi qui doit régner dans tous les actes de la vie civile.

Il en est de même pour la *fraude*, qui est encore une action dirigée par la mauvaise foi. Nous pourrions citer plusieurs exemples que la jurisprudence fournit. A cet égard nous trouvons un arrêt de la cour royale de Toulouse (1), qui, en matière de surenchère, déclare qu'un créancier hypothécaire a le droit de former tierce-opposition envers un arrêt d'*expédient* intervenu entre l'adjudicataire et le surenchérisseur, alors que cet arrêt aurait *annulé* la surenchère *admise* par les premiers juges; ce qui est le résultat du dol et de la fraude. — Il y a encore d'autres cas qui présentent des caractères plus ou moins importants; mais est-il toujours certain que les questions de dol et de fraude capables de faire annuler une convention appartiennent essentiellement aux juges du fonds.

Comme l'équité doit régner dans les conventions, et que le dol est un vice grave, ainsi que la fraude, qui doit néanmoins être prouvée, la justice peut trouver là de quoi annuler les contrats et obligations; mais il existe tant d'espéces de fraude qu'il nous serait difficile de les prévoir. Tenons seulement pour certain que la demande pour dol et

(1) *Voyez* Mémorial de jurisprudence des cours royales du midi, 2e série, tom. 2, de 1842, p. 182.

fraude doit être en rescision ; ce qui met les parties au même état qu'elles étaient avant les conventions (1), si elle est accueillie dans son entier ; car autrement cette demande peut ne donner lieu qu'à des dommages-intérêts, à raison des faits reprochés.

(1) *Voyez* les dispositions des art. 887 et suivants du code civil, ainsi que les art. 1117-1304 et suivants du même code.

TITRE III.

De la preuve des obligations en général.

Nous avons fait connaître les qualités requises pour faire les actes de la vie civile, et les vices qui peuvent se rencontrer dans ces actes ; mais la question principale qui se présente dans le droit des gens est le rapprochement des hommes qui doivent se lier par des affaires ; de là, la nécessité de contracter des obligations, mais avec des personnes qui ont la capacité requise par la loi, et pour des causes licites (1). Pour l'existence d'une obligation, il faut le concours de deux personnes au moins, dont l'une s'engage envers l'autre à faire tout ce qui est permis par la loi naturelle ou civile. Cette obligation est une convention qui sert de loi aux parties et ne peut être révoquée que de leur consentement mutuel ou pour les causes que la loi autorise. (Art. 1134 C. civ.) Nous observerons que les principes contenus dans cet article s'appliquent tant aux obligations *conventionnelles* qu'à celles qui se forment sans convention, si elles en sont susceptibles d'après leur nature.

En général l'obligation est ce lien légal qui astreint l'obligé à concourir à l'exercice d'un droit, en supportant, en faisant, ou en ne faisant pas quelque chose en faveur du créancier. *Juris vinculum.... ut alium nobis obstringat ad dandum aliquid, vel faciendum, vel præstandum.* (Leg. 3, ff., *de oblig. et act.*)

Il faut donc reconnaître que les droits et les obligations, quoique distincts et opposés dans leur nature, sont simul-

(1) *Voyez* les art. 1123 et 1131 du code civil, et liv. 7, § 4, liv. 27, § 4, ff. *de pactis*, et Duranton, tom. 10, n° 42 et suiv.

tanés dans leur origine, et inséparables dans leur existence ; mais celui qui en réclame l'exécution doit prouver cette existence et en justifier (1). C'est en effet à celui qui attaque ou qui excipe d'un droit, à prouver que le fait qu'il attaque est vrai et que le droit dont il excipe existe.

Nous pourrions nous étendre beaucoup sur la manière de faire les preuves en justice, en rappelant les moyens employés chez les divers peuples, même en France, pour les constater. Aujourd'hui le législateur a tracé la marche à suivre dans toutes les affaires dont la preuve est nécessaire ; c'est à l'orateur à faire remarquer soit les preuves de droit, soit celles de fait ; mais la vérité qu'on cherche à découvrir est quelquefois susceptible de tant d'interprétations, qu'il n'est pas aisé au juge le plus attentif de reconnaître la preuve de l'existence d'un fait ou d'un droit qui suppose toujours une obligation ; dèslors il faut employer tous les moyens d'instruction que la loi indique : on sait que *instruction* se dit de la procédure que les causes exigent, afin de les mettre dans le cas de recevoir jugement.

Ainsi donc nous pensons que, pour démontrer toute l'exigence de notre titre, il est nécessaire de le diviser en deux chapitres.

CHAPITRE PREMIER.

De la preuve littérale fondée sur titre authentique, sous seing privé ou copies.

Nous sommes forcés à diviser ce chapitre en plusieurs paragraphes, pour faire connaître le degré d'évidence auquel doivent être portés les moyens à employer pour com-

(1) *Voyez* les dispositions de l'art. 1315 du code civil, Pothier, *obligation*, n° 729, et *constitution de rente*, n° 155.

poser clairement une preuve, quoique nous trouvions dans la loi des motifs suffisants pour être fixés à cet égard. Néanmoins un développement sur les expressions qu'elle emploie nous a paru nécessaire : et, d'abord, en général elle se borne à dire que c'est à celui qui réclame l'exécution d'une obligation, à prouver qu'elle existe : *onus probandi incumbit actori*. Mais aussi, l'existence d'une obligation une fois démontrée, si le défendeur soutient qu'elle est éteinte, c'est à lui à le prouver.

On distingue plusieurs sortes de preuves littérales ; quoique ayant le même but, elles ont des règles particulières que nous allons retracer.

§ Ier.

De la preuve littérale d'après un titre authentique (1).

Le titre authentique est en général un acte qui sert à justifier un droit, une propriété, une action; il émane d'un officier public. Le titre authentique est encore un jugement de condamnation. Nous ferons observer que ces deux titres sont ordinairement exécutoires, surtout lorsque l'acte a été expédié en forme de *grosse ;* on appelle grosse la première expédition des actes des notaires.

Nous aurions besoin d'entrer dans de grands détails, pour faire connaître ce qu'on entend par *titre* ou *acte* authentique ; mais ayant annoté la loi, nous allons nous borner à faire quelques observations sur sa disposition. Et d'abord nous dirons que la preuve littérale la plus directe est *un acte écrit ;* mais il faut d'une part que cet acte réu-

(1) *Voyez* les dispositions de l'art. 1317 et suivants du code civil, et le chap. 2 du titre Ier du présent traité.

nisse toutes les conditions exigées par la loi, et d'autre part, qu'il constate une obligation quelconque, qui ait été régulièrement contractée. Cette preuve écrite doit en outre émaner directement de la partie qui s'est obligée, soit qu'elle ait agi par elle-même, soit qu'elle ait été représentée avec des pouvoirs suffisants.

La rédaction de l'article 1319 du Code civil, dit M. Paillet, dans son manuel de droit français, contient une inexactitude ou une imperfection, en ce qu'il dit que « l'acte authentique fait pleine foi de la convention, qu'il » renferme *entre les parties contractantes et leurs héritiers » ou ayant-cause* ». Cette rédaction semble présenter l'induction assez naturelle que l'acte authentique ne fait pas foi contre les tiers, de la convention qu'il renferme ; mais cette conséquence serait une erreur grave, qui entraînerait les suites les plus fâcheuses pour la société. Il en résulterait que le légitime propriétaire, dépouillé par un usurpateur dont la possession remonterait à plus d'une année, se trouverait réduit à l'impossibilité de prouver sa propriété, puisqu'il ne pourrait opposer ses titres, ses contrats d'acquêts, ses partages, à l'usurpateur, qui pourrait lui répondre : Ces titres, ces contrats, ces partages sont des actes qui me sont parfaitement étrangers, et qui, suivant l'art. 1319, ne font foi qu'*entre les parties contractantes, leurs héritiers ou leurs ayant-cause*. Ce serait une doctrine fausse, une doctrine pernicieuse. Il est certain, et ainsi le veulent l'intérêt public et la loi, que les actes authentiques font pleine foi *contre tous*, même contre les tierces personnes, *contra omnes*, tant de la convention que des autres faits qu'ils renferment (1). Mais il résulte de la

(1) *Voyez* Pothier, traité des obligations, n° 701.

combinaison des art. 1317 et 1319 que les juges sont obligés d'ajouter foi aux actes de la nature de ceux qui y sont énoncés, tant que leur authenticité n'est point attaquée par une voie légale, que la loi indique. Ainsi l'acte authentique est donc celui qui a été reçu dans la forme déterminée par la loi du 25 ventôse an XI sur le notariat, et dont nous allons faire connaître les principales dispositions, qui se trouvent consignées dans les art. 8 et suivants jusqu'à l'art. 29 inclusivement, pour fixer les citoyens sur l'authenticité de l'acte notarié.

LOI

SUR L'ORGANISATION DU NOTARIAT

Du 25 Ventôse, an XI, Bulletin, n° 258.

SECTION II DU TITRE PREMIER.

DES ACTES, DE LEUR FORME, DES MINUTES, GROSSES, EXPÉDITIONS ET RÉPERTOIRES.

Art. 8. Les notaires ne pourront recevoir des actes dans lesquels leurs parents ou alliés, en ligne directe à tous les degrés, et en collatérale jusqu'au degré d'oncle ou de neveu inclusivement, seraient parties, ou qui contiendraient quelque disposition en leur faveur.

9. Les actes seront reçus par deux notaires, ou par un notaire assisté de deux témoins, citoyens français, sachant signer, et domiciliés dans l'arrondissement communal où l'acte sera passé.

10. Deux notaires, parents ou alliés au degré prohibé par l'article 8, ne pourront concourir au même acte.

Les parents, alliés, soit du notaire, soit des parties contractantes, au degré prohibé par l'article 8, leurs clercs et leurs serviteurs, ne pourront être témoins.

11. Le nom, l'état et la demeure des parties devront être connus des notaires, ou leur être attestés dans l'acte par deux citoyens connus d'eux, ayant les mêmes qualités que celles requises pour être témoin instrumentaire.

12. Tous les actes doivent énoncer les nom et lieu de résidence du notaire qui les reçoit, à peine de cent francs d'amende contre le notaire contrevenant.

Ils doivent également énoncer les noms des témoins instrumentaires, leur demeure, le lieu, l'année et le jour où les actes sont passés, sous les peines prononcées par l'article 68 ci-après, et même de faux, si le cas y échoit.

13. Les actes de notaires seront écrits en un seul et même contexte, lisiblement, sans abréviation, blanc, lacune ni intervalle ; ils contiendront les nom, prénoms, qualité et demeure des parties, ainsi que des témoins qui seraient appelés dans le cas de l'article 11 ; ils énonceront en toutes lettres les sommes et les dates ; les procurations des contractants seront annexées à la minute, qui fera mention que lecture de l'acte a été faite aux parties : le tout à peine de cent francs d'amende contre le notaire contrevenant.

14. Les actes seront signés par les parties, les témoins et les notaires, qui doivent en faire mention à la fin de l'acte.

Quant aux parties qui ne savent ou ne peuvent signer ; le notaire doit faire mention, à la fin de l'acte, de leurs déclarations à cet égard.

15. Les renvois et apostilles ne pourront, sauf l'exception ci-après, être écrits qu'en marge ; ils seront signés ou paraphés, tant par les notaires que par les autres signataires, à peine de nullité des renvois et apostilles. Si la longueur du renvoi exige qu'il soit transporté à la fin de l'acte, il devra être non-seulement signé ou paraphé comme les renvois écrits en marge, mais encore expressément approuvé par les parties, à peine de nullité de renvoi.

16. Il n'y aura, ni surcharge, ni interligne, ni addition dans le corps de l'acte ; et les mots surchargés, interlignés ou ajoutés, seront nuls. Les mots qui devront être rayés, le seront de manière que le nombre puisse en être constaté à la marge de leur page correspondante, ou à la fin de l'acte, et approuvé de la même manière que les renvois écrits en marge ; le tout à peine d'une amende de cinquante francs contre le notaire, ainsi que de tous dommages et intérêts, même de destitution en cas de fraude.

17. Le notaire qui contreviendra aux lois et aux arrêtés du gouvernement, concernant les noms et qualifications supprimés, les clauses et expressions féodales, les mesures et l'annuaire de la République, ainsi que la numération décimale, sera condamné à une amende de cent francs, qui sera double en cas de récidive.

18. Le notaire tiendra exposé, dans son étude, un tableau sur lequel il inscrira les nom, prénoms, qualité et demeure des personnes qui, dans l'étendue du ressort où il peut exercer, sont interdites et assistées d'un conseil judiciaire, ainsi que la mention des jugements relatifs ; le tout immédiatement après la notification qui en aura été faite, et à peine des dommages et intérêts des parties.

19. Tous actes notariés feront foi en justice, et seront exécutoires dans toute l'étendue de la république.

Néanmoins, en cas de plainte en faux principal, l'exécution de l'acte argué de faux sera suspendue par la déclaration du jury d'accusation, prononçant *qu'il y a lieu à accusation :* en cas d'inscription de faux, faite incidemment, les tribunaux pourront, suivant la gravité des circonstances, suspendre provisoirement l'exécution de l'acte.

20. Les notaires seront tenus de garder minute de tous les actes qu'ils recevront.

Ne sont néanmoins compris dans la présente disposition, les certificats de vie, procurations, actes de notoriété, quittances de fermages, de loyers, de salaires, arrérages de pensions et rentes, et autres actes simples qui, d'après les lois, peuvent être délivrés en brevet.

21. Le droit de délivrer des grosses et des expéditions, n'appartiendra qu'au notaire possesseur de la minute ; et néanmoins, tout notaire pourra délivrer copie d'un acte qui lui aura été déposé pour minute.

22. Les notaires ne pourront se dessaisir d'aucune minute, si ce n'est dans les cas prévus par la loi, et en vertu d'un jugement.

Avant de s'en dessaisir, ils en dresseront et signeront une copie figurée, qui, après avoir été certifiée par le président et le commissaire du tribunal civil de leur résidence, sera substituée à la minute, dont elle tiendra lieu jusqu'à sa réintégration.

23. Les notaires ne pourront également, sans l'ordonnance du président du tribunal de première instance, délivrer expédition, ni donner connaissance des actes à d'autres qu'aux personnes intéressées en nom direct, héritiers ou ayant-droit, à peine des dommages et intérêts, d'une amende de cent francs, et d'être, en cas de récidive, suspendus de leurs fonctions pendant trois mois ; sauf néan-

moins l'exécution des lois et règlements sur le droit d'enregistrement, et de celles relatives aux actes qui doivent être publiés dans les tribunaux.

24. En cas de compulsoire, le procès-verbal sera dressé par le notaire dépositaire de l'acte, à moins que le tribunal qui l'ordonne ne commette un de ses membres, ou tout autre juge, ou un autre notaire.

25. Les grosses seules seront délivrées en forme exécutoire ; elles seront intitulées et terminées dans les mêmes termes que les jugements des tribunaux.

26. Il doit être fait mention, sur la minute, de la délivrance d'une première grosse, faite à chacune des parties intéressées : il ne peut lui en être délivré d'autre, à peine de destitution, sans une ordonnance du président du tribunal de première instance, laquelle demeurera jointe à la minute.

27. Chaque notaire sera tenu d'avoir un cachet ou sceau particulier, portant ses nom, qualité et résidence, et, d'après un modèle uniforme, le type de la république française.

Les grosses et expéditions des actes porteront l'empreinte de ce cachet.

28. Les actes notariés seront légalisés, savoir, ceux des notaires à la résidence des tribunaux d'appel, lorsqu'on s'en servira hors de leur ressort ; et ceux des autres notaires, lorsqu'on s'en servira hors de leur département.

La légalisation sera faite par le président du tribunal de première instance de la résidence du notaire, ou du lieu où sera délivré l'acte ou l'expédition.

29. Les notaires tiendront répertoire de tous les actes qu'ils recevront.

Cette loi vient de subir dans son ensemble quelque changement par une ordonnance du 4 janvier 1843, concernant l'organisation du notariat, à laquelle on pourra recourir au besoin ; voilà pourquoi nous l'indiquons, quoique la législation soit toujours la même à l'égard des actes notariés.

Ainsi l'acte authentique, proprement dit, est considéré comme établissant la convention; cette dénomination s'applique à l'acte que dresse le notaire, du consentement de toutes parties, pour constater leurs obligations respectives. Le notaire, en donnant l'authenticité à la convention, ne lui ajoute pas une force nouvelle, et surtout il ne la crée pas, mais il lui donne la forme probante ; de telle sorte que le créancier n'a plus à rapporter d'autre preuve de la convention que l'acte même qui la constate. Car celui à qui on oppose un acte authentique, soit qu'il porte sa signature, ou qu'il n'ait pas su signer, est toujours lié par cet acte, parce qu'il existe aux yeux de la loi une garantie, celle du notaire, qui atteste, en sa qualité d'officier public institué à cet effet, que les parties dénommées dans l'acte se sont présentées devant lui pour le requérir de mettre leurs conventions par écrit. C'est là un fait qui a la présomption légale en sa faveur.

La preuve testimoniale *ne doit* être admise contre ces sortes d'actes, même dans le cas d'inscription en faux incident civil, que lorsqu'il existe un concours de circonstances graves qui rendent le faux allégué vraisemblable ; et les *présomptions* qui peuvent s'élever à cet égard ne suffisent point pour autoriser les juges à suspendre l'exécution de l'acte.

Enfin le législateur a posé des règles sages et précises pour la preuve littérale ; et s'il est nécessaire d'avoir recours au droit commun dans certaines circonstances, il ne faut pas l'étendre hors des cas que la raison indique.

§ II.

De l'acte sous seing privé.

Nous dirons qu'il est toujours possible, et presque toujours très facile aux contractants d'assurer leurs conventions par un écrit ; s'ils ne le font pas, c'est leur faute ; et puisqu'ils se sont volontairement exposés aux suites de la mauvaise foi de ceux avec lesquels ils ont contracté, ils ne peuvent s'en prendre qu'à eux-mêmes, s'ils en souffrent.

On range dans la classe des actes sous seing privé toute espèce d'écrits émanés des particuliers, ainsi que les actes publics revêtus des signatures de toutes les parties, mais qui ne sont pas authentiques par l'incompétence ou l'incapacité de l'officier public, ou par défaut de forme.

Ainsi les preuves littérales des conventions des hommes résultent de deux sortes d'actes : les uns sont passés devant notaire, les autres sous signature privée. Quant aux premiers, la personne qui les a rédigés, étant revêtue du caractère public, écarte toute suspicion, quoiqu'on ne lui reconnaisse point un caractère légal ; mais les seconds, pour mériter une entière confiance, devraient être signés, même encore être écrits des parties contractantes. Mais la loi (art. 1326 C. civ.) en dispose autrement, puisqu'elle se contente d'un *bon* ou d'un *approuvé*. La jurisprudence varie beaucoup sur la nécessité de ce *bon* ou *approuvé* dans les obligations ; nous engageons nos lecteurs à recourir aux arrêts qui pourront être favorables à leur cause, mais le mieux est de s'en tenir aux expressions de la loi ; seulement nous ferons remarquer que ces expressions ne s'appliquent point à un acte de cautionnement, ni à un aval de billet à ordre (1).

Pour qu'un titre privé fasse foi en justice, il faut qu'il soit reconnu par celui qui l'a souscrit; car les écrits privés étant, tout comme les actes authentiques, destinés à constater la vérité des faits et des conventions, ils ne peuvent former une preuve qu'autant qu'ils sont eux-mêmes reconnus vrais; et il ne suffit pas toujours qu'un écrit privé soit reconnu pour faire foi; il est soumis, dans certains cas, à des règles spéciales dont l'inobservation le rend nul ou frappe la convention d'inefficacité.

L'esprit de la loi veut que tous actes privés où les contractants prennent des engagements respectifs *soient nuls*, s'ils n'ont pas été faits en autant d'originaux qu'il y a des parties contractantes ayant un intérêt distinct. Ainsi, pour former un acte synallagmatique sous seing privé, il faut qu'il soit double, triple, ou quadruple, etc., suivant le nombre des parties, afin que chacune d'elles puisse en avoir un par-devers soi (2). Remarquez que la loi dit : « Chaque original doit *contenir* la mention du *nombre* des » originaux qui en ont été *faits* ». Tous ces actes peuvent être opposés à des TIERS (3), quoique la législation soit muette à cet égard; mais il faut pour cela qu'ils aient été reconnus légalement, c'est-à-dire dans un acte public ou par jugement. Néanmoins la mention du double, *omise* dans l'acte sous seing privé, est couverte par l'exécution donnée à cet acte de la part des parties.

(1) *Voyez* SIREY, tom. 14, 1re partie, pag. 62.

(2) *Voyez* les dispositions de l'art. 1325 du code civil, et notre bibliothèque de droit et de jurisprudence, v° *acte sous seing privé*.

(3) *Voyez* POTHIER, *Traité des obligations*, nos 99 et 715.

§ III.

De l'acte ou écriture non signé.

Il peut exister des écrits *non signés*, qui peuvent être pris par les juges en considération, et qui même font foi dans quelques circonstances : tels sont les livres des marchands, les registres et papiers domestiques, et les écritures apposées à la suite, en marge ou au dos d'un acte authentique ou sous seing privé.

Un principe général est que *l'on ne peut se faire de titre à soi-même ;* néanmoins il y a exception à l'égard des livres des marchands, qui peuvent, d'après les circonstances, déterminer le juge à déférer le serment à l'une ou à l'autre des parties, lorsque la demande ou l'exception n'est pas pleinement justifiée (1).

Les registres et papiers domestiques ne peuvent jamais former un titre pour celui qui les a écrits ou fait écrire ; ils font au contraire foi contre lui. Cependant il nous semble que, s'il était mort, ils devraient faire foi pour lui à l'égard de ses héritiers. D'ailleurs les juges doivent se décider d'après les circonstances.

Pour ce qui concerne les écritures particulières qui sont à la suite, ou à la marge, ou au dos d'un titre quelconque, elles tendent ou à la libération ou à une nouvelle obligation : dans le premier cas, comme lorsqu'il se trouve des quittances des sommes reçues à compte. Ces quittances, quoique non signées ni datées, sont une preuve du paiement, non-seulement lorsqu'elles sont écrites de la main du créancier, mais encore de toute autre main, parce

(1) *Voyez* DELVINCOURT, tom. 2, pag. 826, notes 1, 2 et 3.

qu'il est plus que probable que le créancier n'aurait pas laissé écrire le reçu sur le titre qui était en sa possession, si le paiement ne lui avait pas été fait.

La même décision est applicable à l'écriture mise par le créancier au dos, en marge, ou à la suite d'un double titre qui est entre les mains du débiteur. Ici cependant s'applique la maxime que nous avons déjà rapportée, que personne ne peut se faire un titre à soi-même ; et alors, quoique l'écriture soit faite de la main du créancier, et qu'elle tende à faire obliger le débiteur, elle ne peut faire aucune foi en justice.

Nous allons assimiler aux actes ou écritures non signés ce que l'on appelle *taille*. Les tailles sont une sorte d'écriture abrégée, à l'aide de laquelle le fournisseur habituel et l'acheteur se rendent compte respectivement de ce qu'ils se doivent l'un à l'autre. C'est le plus ancien des contrats synallagmatiques. La taille est composée de deux parties d'un même morceau de bois, fendu de manière que les deux parties s'adaptent parfaitement pour recevoir ensemble et par le même coup des entailles ou coupures, qui se font à mesure que le marchand fait des fournitures au consommateur. Lorsque les coupures sont faites, chacun prend une partie de la taille, comme s'il prenait un double d'un écrit. Aussi, d'après l'art. 1333 du Code civil, la taille fait foi en justice, quand elle est conforme à son échantillon (1) ; et, en cas de différence entre les deux parties de la même taille, ce sera l'échantillon qui fera foi, à moins que l'on ne sache d'où provient l'erreur. Mais, si le débiteur refusait de produire l'échantillon, on devrait accorder foi pleine et entière à la partie de la taille qui serait représentée par le créancier.

(1) *Voyez* Duranton, *Traité des obligations*, n° 312.

M. Duranton, dans son tome 13, n° 236, est d'un avis contraire ; car il va jusqu'à prétendre que, lorsque l'échantillon n'est pas représenté, la taille reste nulle. Nous ne pouvons point partager son avis ; il nous semble que ce serait autoriser la mauvaise foi, puisque le créancier ne se fait pas un titre à soi-même en représentant la taille, il ne fait au contraire que produire la preuve établie contradictoirement entre les parties, d'une convention certaine.

Ainsi le débiteur qui veut repousser cette preuve doit donc représenter son échantillon pour établir que la taille n'est pas conforme ; sans quoi il y a présomption acquise qu'elle ne peut être contredite.

§ IV.

Des copies des titres.

Le débordement des passions humaines peut anéantir les originaux des titres ; il peut arriver qu'ils se soient perdus soit par une inondation, soit par un incendie, ou par un fléau quelconque. Comment suppléer à ces titres, si ce n'est par les copies ; aussi le législateur a prévu le cas. Mais c'est une règle commune à toutes les copies, que, lorsque le titre original subsiste, elles ne font foi que de ce qui se trouve dans le titre *original*, les notaires ne devant pas, même sous aucun prétexte d'interprétation, rien ajouter dans les grosses et expéditions à ce qui est contenu dans la minute originale. Ainsi il ne se présente aucune difficulté quand ce dernier titre subsiste : on peut exiger sa représentation, et alors la copie ne sert de rien, surtout si elle n'est pas conforme à la minute.

On doit entendre par copie le double de l'original. Mais il peut exister des copies de copie, ce qui est des secondes copies collationnées sur les premières ; elles ne font pas foi en justice, et suivant les circonstances, elles peuvent être considérées comme simples renseignements (art. 1335 n° 4, C. civ.). Cependant les copies de titres produits par la régie, pour établir l'existence d'une mutation dissimulée, peuvent faire foi, lors même qu'ils ne rempliraient pas les conditions exigées par cet article n° 1. Telles seraient, par exemple, les copies d'actes annexées à une sentence arbitrale : ainsi jugé par la Cour de Cassation, Chambre des Requêtes, le 22 août 1842 (1).

Tout dépend des circonstances ou des faits qui ont donné lieu au cas d'avoir une copie de la copie d'un titre, car le juge est appelé à prononcer suivant sa conscience sur la validité de la copie qui lui est représentée, sans s'écarter des principes qui lui sont tracés par la loi. Ce qui corrobore notre pensée, c'est un arrêt de la Cour de Cassation du 21 décembre 1842 (2), qui a décidé que la COPIE d'une copie de titre, dressée en la Chambre des Comptes du duc de Nevers, en présence de son procureur général, a le double caractère exigé par l'article que nous avons déjà cité (1335 C. civ. n° 1.), pour faire la même foi que l'original non représenté. On trouvera dans notre jurisprudence plusieurs circonstances d'une nature semblable, qui mettront le juge dans le cas de donner une pareille solution, en suivant la doctrine de notre législation.

Il est certain que les copies des actes doivent suppléer aux grosses de ces actes, pour les causes qu'ils renferment : ainsi, les copies des registres du tribunal, signées par

(1) *Voyez* DALLOZ, jurisprudence de la cour de cassation, tom. 42, 1re partie, p. 355.
(2) *Voyez* DALLOZ, jurisprudence de la cour de cassation, tom. 43, 1re partie, p. 70.

l'officier public font preuve ; tout comme la copie qui est tirée sur l'original par un officier public et par autorité du juge, soit en présence des parties, soit en leur absence, après qu'elles ont été sommées, est une copie qu'on appelle *copie en forme*. Dans ce cas, si l'original par la suite est perdu, elle fait la même foi contre les parties qui y ont été présentes ou sommées de s'y trouver, et contre leurs héritiers ou successeurs, que ferait l'original même. Nous ferons observer que les copies, quoique faites en présence des parties et sans l'autorité du juge, ne sont pas *copies en forme* (1).

Enfin, nous posons pour principe, que la copie d'un titre n'est régulière et valable qu'autant qu'elle réunit les divers caractères énumérés dans les n°s 1, 2 et 3 de l'art. 1345 du Code civil ; sans quoi la copie représentée n'est plus qu'un acte informe, qui ne pourra servir que de commencement de preuve par écrit, ou qui pourra être consulté par le juge à titre de renseignement, ce qui l'autorise à admettre la preuve testimoniale (2).

§ V.

Des actes récognitifs et confirmatifs.

Dans le droit des gens tous les actes deviennent nécessaires ; les *récognitifs* sont des titres qui, en rappelant l'acte principal constitutif d'un droit, reconnaissent ce droit par énonciation, mention ou obligation. L'acte *confirmatif* est celui qui confirme, corrobore ou ratifie un acte précédent, qui, nul ou conditionnel, ne pouvait être exécuté sans une confirmation. Mais il faut tenir pour certain que

(1) *Voyez* Pothier, tom. 2, p. 205, n° 735.
(2) *Voyez* journal du Palais de 1838, tom. 1, pag. 288.

le titre primordial doit seul régir l'exécution de la convention, parce que c'est dans ce titre que les parties ont déclaré leur volonté. Lors donc qu'un créancier demande à son débiteur l'exécution de son engagement, et que ce créancier n'invoque pour preuve de sa créance, que des actes simplement récognitifs, le débiteur peut exiger la représentation du titre primordial (1), à moins qu'il ne se trouve dans l'exception exprimée dans le treizième alinéa de l'art. 1337 du Code civil.

La ratification expresse et telle que la loi l'exige n'est pas le seul moyen de valider l'acte primordial ; cet acte peut être validé par une ratification tacite, comme, par exemple, lorsque le débiteur, *qui a la capacité nécessaire*, l'exécute volontairement : dans ce cas il renonce à l'exception qu'il pouvait opposer à son créancier. Néanmoins il est des vices dans certains actes qui ne peuvent être réparés : ce sont des vices de formes qui ont été prescrites par la loi dans l'intérêt général et ne peuvent être suppléées; car les droits des TIERS ne peuvent recevoir aucune atteinte des actes de confirmation ou ratification ; tous les moyens de rescision leur demeurent conservés.

Pour qu'un acte récognitif ou confirmatif soit valable, il faut qu'on y trouve, et la substance de l'obligation, et la mention du motif de l'action en nullité ou en rescision, et l'intention de réparer le vice sur lequel cette action est fondée. Du concours de ces trois circonstances résulte, aux yeux de la loi, la preuve du consentement de l'obligé, de sa volonté bien constante de laisser subsister son obligation.

A l'égard des actes de donation, il est indispensable qu'ils

(1) *Voyez* POTHIER, *Traité des obligations*, n° 705.

soient refaits dans la forme légale (1). Il n'est pas permis de réparer, par aucun acte, les vices qui peuvent s'y rencontrer ; en effet, la donation qui est nulle en la forme n'a point d'existence légale, puisque précisément c'est l'observation seule des formalités prescrites qui sert de ligne à la manifestation légale de l'intention des parties. En conséquence, une donation nulle en la forme est un acte qui n'existe pas, que la loi ne reconnaît point et dont elle ne permet pas la ratification. Cependant M. Toullier, tome 8, n° 526, est d'un avis contraire. Néanmoins nous dirons que l'exécution volontaire de la donation, qui est sans effet vis-à-vis du donateur, pourrait être opposée à ses héritiers ou ayant-cause, lorsqu'ils auront eux-mêmes ratifié la donation. C'est là une exception qui est établie par l'art. 1340 du Code civil, et qui trouve sa justification plutôt dans une fin de non recevoir, que dans une raison de droit, parce que l'on doit considérer que, si les héritiers ont exécuté la donation qui était nulle, c'est qu'ils ont reconnu qu'elle renfermait une obligation naturelle, à laquelle ils étaient soumis dans le for intérieur de leur conscience (2).

CHAPITRE II.

De la preuve testimoniale, des présomptions et de l'aveu des parties.

L'expérience a fait connaître depuis longtemps le danger de confier à la mémoire des témoins, trop souvent ou trompeurs ou trompés, les FAITS desquels dépendent l'état, l'honneur et la fortune des citoyens, toutes les fois qu'ils

(1) *Voyez* FURGOLE, *Traité des successions*, tom. 5, titre 5, page 340 ; — SIREY, tom. 22, 1re partie, pag. 23, et journal du Palais de 1831, tom. 2 ; — cour de Bourges, 30 août 1831.

(2) *Voyez* le journal du Palais, de 1842, tom. 4, pag. 130.

ont pu les constater par un écrit soit authentique soit privé. Néanmoins la preuve *testimoniale* a été conservée par nécessité en matière criminelle ; elle l'a été en matière civile, pour les occasions dans lesquelles la preuve écrite est impraticable ; tout comme quelquefois la preuve du fait n'est pas complète, et les adminicules présentent uue telle vraisemblance, que la loi-même leur donne toute l'autorité de la preuve, que, dans le silence, la raison a peine de s'y refuser ; c'est la *présomption*.

Il faut aussi que nous portions notre attention sur les preuves auxquelles la loi accorde le caractère de la vérité ; il n'en est aucune de plus forte que l'*aveu* de la partie à laquelle on demande un fait. Ainsi donc plusieurs paragraphes sont nécessaires au développement de ce chapitre, qui présente, dans l'intérêt de la société, un bien général.

§ Ier.

De la preuve testimoniale (1).

La preuve testimoniale est celle qui s'opère par l'audition des témoins, c'est-à-dire par une enquête. L'ensemble des dépositions des témoins forme cette preuve, qui est susceptible de plusieurs inconvénients et qui n'est admise ni contre des actes privés, ni lorsque les actions excèdent cent-cinquante francs. A cet égard il y a exception, lorsque un commencement de preuve par écrit existe en faveur du demandeur, parce que, dans ce cas, on a pensé que, si l'on oppose un écrit quelconque, comme des lettres missives, même des réponses consignées dans des procès-verbaux, dressés devant le juge de paix ou autres officiers

(1) *Voyez* les dispositions de l'art. 1341 et suivants du code civil.

publics, dans des libelles de procédure, etc., etc., pourvu que tout cela soit émané de celui contre lequel la demande est formée ; alors on doit le considérer comme un commencement de preuve écrite ; c'est le caractère que la loi a voulu définir.

Ainsi nous pensons que la preuve testimoniale est admissible, quoiqu'il s'agisse de plus de 150 fr., pour prouver un dépôt, pour prouver la simulation d'un acte quelconque, et dans plusieurs sortes de circonstances. Mais prenez garde que le législateur a considéré comme très dangereuse *cette preuve*, et que ce n'est que par nécessité, par *exception*, qu'il l'a consacrée pour quelques cas ; car le but de la loi, dans les formalités qu'elle a introduites, est de constater la vérité des faits et des stipulations.

Il faut donc tenir pour certain que, toutes les fois qu'il n'a pas été au pouvoir d'un créancier de se procurer une preuve littérale d'une obligation qui a été contractée envers lui, la preuve testimoniale du fait qui la produit ne peut lui être refusée, à quelque somme que puisse monter l'objet de cette obligation ; s'il s'agit surtout des obligations qui naissent des quasi-contrats, ou des délits et quasi-délits, etc. (1). Dans ces espèces la loi subordonne l'admission de la preuve à la qualité des personnes et aux circonstances du fait ; ce qui rend le juge seul arbitre de cette admission.

Du reste, la question de savoir si la preuve testimoniale peut être admise, est d'ordre public, et le consentement des parties elles-mêmes ne saurait autoriser le juge à l'admettre dans les cas où elle n'est pas autorisée ; mais le principe se trouve posé dans l'art. 1353 du Code civil.

(1) *Voyez* les dispositions de l'art. 1348 et 1353 du code civil.

§ II.

De la preuve par les présomptions.

L'opinion ou le jugement sur la vérité d'une chose est la *présomption* que les conséquences d'une autre chose concourent à former. L'art. 1349 du Code civil la définit en ces termes : « Les présomptions sont des conséquences » que la loi ou le magistrat tire d'un fait connu à un fait » inconnu ». Toute présomption est fondée en général sur la liaison naturelle qui est entre la vérité connue et la vérité que l'on cherche à connaître, pour se former un degré de certitude.

Le législateur reconnaît la présomption *légale* et la présomption qui *n'est point établie par la loi ;* la définition qu'il en donne est une règle bien caractérisée des vrais principes auxquels on doit recourir.

Nous distinguerons trois sortes de présomptions dans celles établies par la loi : celles de *juris et de jure*, celles de *juris tantùm*, et la *simple*.

La présomption *juris et de jure* est une espèce de disposition de la loi, qui présume qu'une certaine chose est véritable, et qui, par sa seule autorité, veut que cette chose passe pour une vérité, comme si elle en était elle-même convaincue. Par exemple, quoique la femme en se mariant n'ait pas stipulé que la dot lui sera rendue, la loi présume que cette stipulation a été faite de manière que la preuve du contraire ne sera pas admise ; parce que, quand la loi a porté son jugement sur une chose, elle ne peut pas être démentie : voilà d'où est venue la maxime que la preuve du contraire n'est pas reçue contre la présomption *juris et de jure*.

Un autre exemple sur l'espèce de présomption *juris et de jure* est celui qui résulte de l'autorité de la chose jugée, ou du serment décisoire et autres cas semblables.

Il est certain que, dans les présomptions *juris et de jure*, la preuve du contraire ne peut pas être admise ; mais il en est autrement dans les présomptions *juris tantùm*. Un exemple : s'il y a contestation entre le possesseur d'un fonds et une personne qui s'en prétendra le maître, c'est une présomption que ce fonds est au possesseur et qu'il sera maintenu, si l'autre ne prouve son droit, parce qu'il est naturel de présumer qu'on ne se mette pas en possession sans droit, et que le maître ne se laisse pas dépouillerde sa possession (1).

Autre exemple : la présomption que la loi fonde sur l'honnêteté publique est que les biens acquis par la femme pendant le mariage ont été acquis des deniers de son mari, quand elle ne justifie point par quels moyens elle les a acquis ; ce que la loi aime mieux présumer que de donner lieu de croire qu'elle les a acquis par des voies honteuses (2), voulant écarter l'idée d'un déshonneur.

La présomption SIMPLE ou HUMAINE est celle qui, n'étant pas établie par la loi, est abandonnée aux lumières et à la prudence du juge. Elle peut se former au moyen d'indices, de signes, de conjectures et de suspicions. Dans tout cela on peut trouver un résultat de probabilité, déduit d'un fait qu'on croit connexe avec celui dont on veut avoir la preuve : par exemple, une femme est vue dans un endroit écarté donner des baisers à un homme, voilà une présomption d'adultère ; cependant ce baiser peut n'être qu'à titre d'amitié qui dérive de la parenté.

(1) *Voyez* DOMAT, tom. 1er, pag. 415.
(2) *Voyez* DANTY, sur Boissau, p. 176.

Nous pourrions citer beaucoup d'autres exemples ; mais comme ces présomptions sont arbitraires et qu'elles dépendent des circonstances, elles nous paraissent incertaines, car elles sont plus croyables les unes que les autres. Donc la décision de ces présomptions est laissée au discernement du magistrat et à sa façon particulière de penser : c'est à lui de bien coordonner ses idées pour ne pas commettre une injustice.

Quant aux présomptions qui ne sont point établies *par la loi*, ni qualifiées de simples ou humaines, le Code civil, art. 1353, les définit comme étant abandonnées aux lumières et à la prudence des magistrats. Il en résulte que cet empire est sans limites : on peut le diviser en preuve physique et en preuve morale : la preuve physique est absolument sûre par son objet, mais elle est bien difficile à produire ; au lieu que la preuve morale est infinie par la raison qu'elle ne repose que sur des probabilités (1). Delà la conséquence qu'en tire la jurisprudence, que les juges qui déclarent y avoir renonciation à un droit, sans le faire résulter d'aucun acte, et se bornent aux présomptions, violent la loi et donnent lieu à cassation.

Enfin, dans toutes les questions de fait, quand il ne se rencontre aucune présomption légale, mais qui sont établies sur le sens commun et sur le raisonnement, le juge peut accorder ou refuser, si bon lui semble, la preuve testimoniale ; c'est à lui à se déterminer par sa prudence, attendu qu'il peut mieux connaître que personne, par la qualité du fait, le parti qu'il doit prendre. La loi n'a point décidé quel nombre de présomptions est nécessaire, ni de quelle qualité elles doivent être ; elle s'en rapporte aux juges. C'est par cette raison qu'étant comme substitués à la

(1) *Voyez* TOULLIER, tom. 9, p. 213 et suiv.

place de la loi, ils doivent s'attacher à suivre son esprit et son intention ; c'est par son application et par un discernement exact et juste qu'ils doivent se rendre dignes de la confiance qu'elle veut avoir en eux (1).

Nous observerons seulement que la foi due à un acte notarié peut être détruite par de simples *présomptions*, lorsqu'il y a un commencement de preuve par écrit ; telle est la jurisprudence de la Cour de Cassation.

§ III.

De l'aveu des parties (2).

Nous avons déjà dit que de toutes les preuves auxquelles la loi accorde le caractère de la vérité, la plus forte est l'aveu de la partie à laquelle l'on demande un fait qui lui est personnel.

On distingue deux sortes de preuves de cette nature, l'aveu extrajudiciaire et l'aveu judiciaire. Ils ne diffèrent l'un de l'autre que par la manière dont ils sont faits ; car, dans le fonds, ils ont l'un et l'autre les mêmes résultats et produisent les mêmes effets en justice.

L'aveu extrajudiciaire est celui qui est fait spontanément et hors jugement par des écrits de main privée, ou pardevant le juge de paix ou bureau de conciliation, ou devant notaire. La loi ne fait aucun cas de celui qu'on allègue avoir été fait verbalement, à moins que la demande qui en est l'objet ne soit susceptible d'être prouvée par témoins.

L'aveu judiciaire est celui qu'une partie fait devant le juge, d'un fait sur lequel elle est interrogée et dont le juge donne acte. Il peut être fait de trois manières : 1º par la

(1) *Voyez* Danty, pag. 178 et suiv. ; — Domat, tom. I, p. 115.
(2) *Voyez* les dispositions de l'art. 1354 du code civil.

partie elle-même, ou par son fondé de pouvoir spécial, à l'audience, à suite d'une assignation AD HOC, lorsqu'il s'agit de l'avération d'un écrit ; 2° par acte signé de la partie, ou de son fondé de pouvoir spécial, signifié d'avoué à avoué, pendant le cours d'une instance ; 3° par la partie en personne, devant un magistrat commis en justice, par la voie de l'interrogatoire.

L'aveu judiciaire fait pleine foi contre celui qui l'a fait et ne peut être divisé. Cette règle a été observée dans tous les temps ; les déclarations de la partie interrogée ne peuvent pas être coupées, c'est-à-dire que la réponse donnée sur chaque fait doit être prise dans sa totalité ; il n'est pas permis de considérer une portion de réponse isolément, et de la détacher du reste de la même réponse.

Ainsi, la partie interrogée est requise de déclarer si réellement il lui a été prêté par son adversaire une certaine somme ; par sa réponse, la partie interrogée confesse avoir reçu à titre de prêt la somme désignée, mais elle déclare l'avoir rendue comme il avait été convenu ; l'adversaire ne pourra pas s'emparer de la première partie de cette réponse et laisser de côté la seconde. Ces deux propositions forment ensemble une seule réponse, elles ne peuvent se séparer l'une de l'autre ; c'est à leur union que les juges doivent s'arrêter. Néanmoins un arrêt de la chambre des requêtes de la Cour de Cassation du 26 mai 1841 a décidé que le juge qui trouve la preuve d'un fait, avoué dans des circonstances de la cause indépendantes de l'*aveu*, ne peut encourir le reproche d'avoir *divisé* cet aveu en tenant le fait pour constant (1). Quoi qu'il en soit, nous pensons que le fait confessé ne peut être ensuite désavoué ni retracté,

(1) *Voyez* DALLOZ, jurisprudence générale de la cour de cassation, tom. 41, 1re partie, pag. 278.

à moins que l'erreur fût manifeste et le contraire littéralement prouvé. Ceci s'entend d'une erreur de fait et non d'une erreur de droit (1). L'erreur de fait est l'ignorance d'un événement ou d'une circonstance ; et celle de droit est le défaut de connaissance des lois, ce qui n'excuse personne, à la différence de l'autre, qui peut se réparer ou s'excuser.

Nous observons que, si la loi défend aux juges de scinder les aveux des parties (2), elle leur impose d'en fixer le sens véritable, en le coordonnant avec les autres éléments, faits et circonstances de la cause. Par exemple, le silence gardé par une partie sur une allégation de son adversaire ne peut être assimilé à un aveu judiciaire. Telle est la doctrine de Merlin, dans son répertoire, v° *partage*, § 11. Mais rien n'empêche que le défaut de contradiction ne soit pris en considération par les juges, comme faisant partie des documents de la cause qu'il leur appartient d'apprécier. Ainsi jugé par la Chambre civile de la Cour de Cassation, le 19 avril 1842.

Nous dirons à cet égard que les déclarations ou aveux, faits par un avocat à l'audience dans le cours de sa plaidoirie, ne peuvent constituer un aveu judiciaire opposable à la partie. D'ailleurs l'avoué de la cause, présent à l'audience, peut rétracter tout ce qu'a dit l'avocat (3).

Nous pensons que, dans l'ensemble des principes que nous avons fait connaître dans ces trois paragraphes, l'on trouvera de quoi former son opinion sur la conduite à te-

(1) *Voyez* Domat, tom. 1, p. 421.

(2) *Voyez* les dispositions de l'art. 1356 du code civil; et Dalloz, jurisprudence de la cour de cassation, tom. 21, 2e partie, p. 127.

(3) *Voyez* le journal du Palais de 1837, tom. 2, p. 549; et tom. 2 de 1838, p. 73.

nir pour éviter les dangers d'un procès toujours désagréable et souvent ruineux. Mais si le magistrat ou le jurisconsulte est appelé à prononcer sur les différends des parties, qu'il tranche toute difficulté par le for de sa conscience et au moyen du serment (1), qui est une action de jurer en prenant Dieu, vengeur du parjure, à témoin de la vérité d'un fait que l'on soutient ou garantit ; quoique de tristes expériences nous apprennent que le plus vil intérêt a sur l'esprit de la plupart des humains beaucoup plus de pouvoir que les plus grands motifs de la religion ; et comme c'est de là que dépendra la vérité de l'objet qui donne lieu à la contestation, on ne doit y recourir que lorsqu'on manque de toute autre preuve ; car, lorsque deux parties se présentent devant la justice, l'on ne doit laisser l'une d'elles maîtresse de la décision par le serment, qu'autant que l'autre a de grands torts. Il faut remarquer que tout jugement qui ordonne un serment doit énoncer les faits sur lesquels il sera reçu.

Nous observons que chaque citoyen a le droit de prêter serment suivant le RIT de la religion qu'il professe ; telle est la jurisprudence de la Cour de Cassation : ainsi, par exemple, les juifs peuvent prêter le serment qui leur serait déféré, suivant le rit judaïque.

C'est donc par le serment, l'aveu, les présomptions et la preuve littérale ou testimoniale, que les juges peuvent former leur opinion et en faire dépendre l'objet d'une contestation, car la loi accorde de justes égards et des effets avantageux aux parties qui sont de bonne foi (2) par la droiture de leurs intentions et leur franchise. Mais il nous

(1) *Voyez* les dispositions des art. 1357 et suiv. du code civil, qui n'ont pas besoin de commentaire, étant assez clairs et précis pour pouvoir les comprendre.

(2) *Voyez* les dispositions des art. 201, 549, 1134 et 1141 du cod. c.

semble que la bonne foi cesse toujours, du moment qu'une demande en justice est formée, et qu'il y a seulement présomption qu'elle a duré jusqu'alors. Cependant c'est une simple présomption *juris*, qui n'exclut pas la preuve de la mauvaise foi.

TITRE III.

De l'effet des obligations avec convention, ou condition, et de leur interprétation, même à l'égard des tiers.

Lorsqu'on est fixé sur les termes de l'obligation, pour en connaître l'effet, il faut voir quelle a été l'intention des parties : cette intention se trouve manifestée dans la convention. Par convention ou condition on doit entendre un pacte, un accord, un engagement entre plusieurs personnes que le besoin mutuel des hommes rapproche et lie entre eux (1) ; mais il est certain qu'elles n'ont d'effet qu'entre les parties contractantes et qu'elles ne peuvent point NUIRE aux tiers. Au contraire, ces conventions ou conditions profitent à ces derniers dans le cas prévu par l'art. 1121 du Code civil, qui veut qu'on puisse stipuler en son nom pour un tiers, toutes les fois que l'on a un intérêt personnel.

Ce titre doit être naturellement divisé en deux chapitres dont le premier traitera des conventions et conditions faites dans les obligations, et le second de l'interprétation de l'engagement qui aura été contracté.

CHAPITRE PREMIER.

Des obligations avec convention ou condition.

En général la condition est une clause ou une obligation imposée à une partie dans un contrat ou acte, pour certaines circonstances, ou quelques faits particuliers que l'on

(1) *Voyez* TOULLIER, tom. 6, pag. 508 et 512 ; — DURANTON, tom. 11, n° 6 et suivants.

a prévus (1). Il en est de même des conventions. Il est indubitable que les questions qui résultent des causes d'annulation des conditions ou conventions, sont des questions de fait qui ne sont soumises qu'aux juges du fond et non à la cour régulatrice. Mais pour qu'une condition soit valable et qu'elle suspende l'obligation, il faut que ce soit la condition d'une chose possible, licite, et qui ne soit pas contraire aux lois et aux mœurs ; dans le cas contraire l'obligation est NULLE (2), parce qu'il répugne à la justice et à l'équité, même à la bonne foi, de faire de pareilles conditions. Il est donc de l'essence des conventions qu'elles doivent produire, dans la personne qui a fait la condition ou la promesse, une obligation qui le force à s'en acquitter ; autrement elle serait nulle par défaut de lien.

Pour être fixé sur les divers termes des conventions ou conditions, nous allons suivre notre législation et diviser ce chapitre en plusieurs paragraphes.

§ Ier.

De diverses espèces de conventions ou conditions.

On distingue les conditions sous lesquelles les obligations peuvent être suspendues, en positives et en négatives.

Les conditions positives sont celles qui consistent dans le cas auquel quelque chose qui peut arriver ou ne pas arriver, *arrivera ;* par exemple, si je me marie.

La condition négative est celle qui consiste dans le cas auquel quelque chose qui peut arriver ou ne pas arriver, *n'arrive pas ;* par exemple, si je ne me marie pas.

(1) *Voyez* DOMAT, tom. I, pag. 45, n° 19.
(2) *Voyez* les dispositions de l'art. 1168 et suivants du code civil.

La loi distingue encore plusieurs autres conditions, par exemple, la *casuelle*, la *potestative*, la *mixte*, etc. (1). La définition qu'en donne le législateur suffit pour se fixer.

Il faut seulement tenir pour certain que l'exécution d'une obligation ne peut pas dépendre de la seule volonté de celui qui l'a contractée ; mais elle peut dépendre de la seule et pure volonté d'un tiers (2), parce que toute obligation ou condition doit s'accomplir de la manière dont les parties l'ont entendu, ou au moins par équipollents, c'est-à-dire quelque chose qui puisse valoir autant ; car il pourrait arriver que celui en faveur de qui est la condition, n'ait pas intérêt qu'elle soit accomplie d'une manière plutôt que d'une autre.

Il est de principe en droit que l'accomplissement de la condition ou convention a un effet *rétroactif* au temps que l'engagement a été fait ; et le droit qui résulte de cet engagement est censé avoir été acquis à celui envers qui il a été consenti dès le moment même de sa date.

De là vient que, si le créancier meurt avant l'existence de la convention, quoiqu'il n'eût pas encore un droit de créance formé, mais une simple espérance, néanmoins si la condition existe depuis sa mort, il sera censé avoir transmis à son héritier le droit de créance résultant de l'engagement contracté envers lui ; parce que, au moyen de l'effet rétroactif de la convention ou condition, le droit sera censé lui avoir été acquis dès le temps du contrat et avoir été transmis à ses héritiers. (3)

Le législateur a voulu que, quoique le créancier condi-

(1) *Voyez* les dispositions de l'art. 1169 et suiv. du code civil.
(2) *Voyez* Pothier, tom. 1, pag. 180, nº 205.
(3) *Voyez* Catelan, liv. 6, chap. 10, et Serres, aux instit., liv. 3, tit, 16, § 4.

tionnel n'ait encore aucun droit, puisque l'accomplissement de la condition ou convention n'est pas arrivé, il puisse néanmoins être reçu à faire tous les actes *conservatoires* du droit qu'il espère avoir un jour. En conséquence, il peut former opposition à la vente des héritages qui seraient hypothéqués à sa créance, si la condition sous laquelle elle a été faite s'accomplissait ; il sera même mis en ordre des créanciers pour sa créance conditionnelle, mais il ne pourra toucher la somme pour laquelle il aura été colloqué, qu'après l'accomplissement de la condition stipulée.

§ II.

De l'obligation avec condition SUSPENSIVE (1).

L'obligation contractée sous une condition suspensive n'est parfaite que lorsque la condition s'accomplit ; ainsi, avant cet accomplissement, la propriété de la chose qui fait la matière de l'engagement ne passe pas sur la tête du créancier ; elle demeure aux risques du débiteur. Mais si cette chose périt entièrement avant l'accomplissement de la condition, *sans la* FAUTE *du débiteur,* l'obligation se trouve éteinte, et la convention est censée n'avoir jamais existé ; car l'effet de l'accomplissement de la condition est de faire naître l'obligation. Or, pour qu'il y ait obligation, il faut qu'il y ait un objet auquel elle puisse s'appliquer ; donc, l'obligation ne peut naître, du moment que ce qui devait en être l'objet n'existe plus (2).

Nous devons observer que la loi laisse à désirer une ex-

(1) *Voyez* les dispositions de l'art. 1181 et suiv. du code civil.

(2) *Voyez* les dispositions des art. 1182 et 1302 du code civil ; — POTHIER, tom. 1, pag. 195, nos 219 et 220, ainsi que la loi VIII, au ff. *de peric. et comm. rei venditæ.*

plication dans les termes de sa rédaction, qu'ainsi on doit réfléchir dans l'application de ses dispositions ; voilà pourquoi nous avons annoté des autorités dignes d'être consultées.

Enfin, si la chose existe au temps de l'accomplissement de la condition, elle est due en l'état où elle se trouve, si le créancier la veut ; mais, dans ce cas, il doit la prendre sans diminution du prix, sinon il a le choix de résoudre l'obligation. Il faut supposer que la chose soit détériorée sans la faute du débiteur ; dans le cas contraire, c'est-à-dire, lorsque c'est par la faute du débiteur que la chose s'est détériorée, le créancier a le choix, ou de faire résoudre l'obligation, ou bien d'exiger la chose dans l'état où elle se trouve, avec dommages et intérêts, lesquels dommages doivent être estimés d'après la valeur qu'avait la chose au moment de la détérioration survenue. Mais dans tous les cas le créancier doit profiter des améliorations faites à la chose dont le débiteur ne pouvait plus altérer la nature, puisqu'il savait qu'elle pouvait être la chose d'autrui ; enfin nous croyons que le créancier a un droit d'option sur l'objet qui, dans son intention, formait la matière de l'engagement.

§ III.

De l'obligation avec condition RÉSOLUTOIRE (1).

Pour bien se pénétrer de l'intention du législateur sur cette condition, et de la jurisprudence qui s'est fixée sur les dispositions de la loi, nous dirons que la condition résolutoire est celle qui se fait, non pour suspendre l'obligation jusqu'à l'accomplissement de cette condition, mais pour la faire cesser lorsqu'elle s'accomplit.

(1) *Voyez* les dispositions de l'art. 1183 et suiv. du code civil.

Une obligation contractée sous une condition résolutoire est donc parfaite dès l'instant du contrat ; le créancier peut donc poursuivre le paiement. Mais si , avant qu'elle ait été acquittée ou que le débiteur ait été mis en demeure de l'acquitter , la condition ou convention s'accomplit , l'obligation cesse , et les choses sont remises au même état que si l'obligation n'avait jamais existé.

Nous observerons que la révocation a lieu dans ce cas , même à l'égard des tiers , et qu'en conséquence toutes les aliénations des objets soumis à la condition résolutoire , et toutes les charges imposées sur iceux, telles que servitudes, hypothèques, etc. , sont également résolues.

Ici se présente une question , si la convention ou condition résolutoire est *potestative* de la part de celui qui possède l'objet ? Nous pensons qu'il faut distinguer : si la condition est d'un fait qui dépende de la volonté du possesseur , la révocation doit avoir lieu même au préjudice des tiers ; mais , si elle dépend d'un acte pur et simple , dérivant de la volonté de ce même possesseur , *putà* : *res inempta erit , si intrà annum displicuerit* , comme dans ce cas la convention résolutoire est stipulée uniquement dans l'intérêt du possesseur , qu'il n'y a que lui qui puisse l'invoquer, nous ne pensons pas qu'il puisse le faire au préjudice des tiers , avec lesquels il a fait des conventions particulières relativement à la chose soumise à la condition.

Dans les contrats synallagmatiques, la condition résolutoire est toujours sous-entendue , c'est-à-dire que , si quelqu'une des parties contractantes ne satisfait point à ses engagements , la convention est comme non avenue ; mais la résolution de l'acte n'a pas lieu de plein droit : c'est aux parties qui ont à se plaindre de l'exécution de l'acte, à en demander la résolution ou l'exécution ; il est facultatif aux tribunaux d'accorder au défendeur un délai suivant les circonstances. Ce droit est la conséquence des principes admis relativement à l'interprétation des conventions et des règles que nous avons développées ; car il en est de la condition *résolutoire* comme de la condition suspensive : c'est au juge qu'il appartient d'en apprécier les effets. Ainsi nous pensons que celui qui a transigé sur un objet déterminé, s'il s'est écoulé un délai suffisant pour prescrire depuis l'époque où la transaction aurait dû être exécutée, la partie qui a intérêt serait fondée à opposer la prescription libératoire de l'engagement par elle contracté, qui au fait devrait être résolu de plein droit faute d'exécution (1).

§ IV.

De l'obligation AVEC TERME *ou* SANS TERME.

Une obligation peut être contractée avec terme ou sans terme. Dans le premier cas, le créancier ne peut exiger le paiement qu'après l'expiration du terme ; dans le second cas, il peut, aussitôt qu'il tient l'obligation, en exiger le paiement.

On doit distinguer deux sortes de termes : le terme de droit, et le terme de grâce.

Le terme est de droit, lorsqu'il fait partie de la convention, expressément ou tacitement. Nous disons tacitement, parce que, indépendamment de toute stipulation, la convention est toujours CENSÉE renfermer le terme du temps nécessaire pour l'accomplir ; car, si je vous ai promis de

(1) *Voyez* journal du Palais, 20 novembre 1833, cour de cassation.

faire payer telle somme à Lyon à votre correspondant, il faut bien que j'aie le temps d'envoyer à Lyon l'ordre de payer.

Le terme est de grâce, quand il est accordé par la loi, ou par le juge sur la demande du débiteur. On appelait aussi *jours de grâce* un certain nombre de jours qui étaient accordés, dans l'usage, pour le paiement des effets commerciaux ; ce nombre variait suivant la nature des objets dans lesquels la valeur de l'effet avait été fournie. Mais l'usage de ces jours de grâce a été abrogé par l'art. 135 du Code de commerce. Ici se présente une idée sur la conduite que doit tenir le débiteur d'une lettre de change dont le porteur ne se présente pas à l'échéance; et le Code de commerce ne contient pas de disposition spéciale à cet égard. Cependant ce cas peut être fréquent : il peut arriver qu'une variation importante dans la valeur des espèces rende le porteur intéressé à ne pas venir en réclamer le paiement le jour de l'échéance.

Nous pensons qu'il n'est pas entré dans l'intention du législateur, d'interdire au débiteur le droit qu'a celui d'une dette ordinaire de se libérer par consignation ; car il existe une loi, *non abrogée*, du 6 thermidor an III ou 25 juillet 1795, qui porte : « ART. 1er. Tout débiteur de billet à » ordre, lettre de change, billet au porteur, ou autre » effet négociable dont le porteur ne se sera pas présenté » dans les trois jours qui suivront celui de l'échéance, est » autorisé à déposer la somme portée au billet aux mains » du receveur de l'enregistrement (1), dans l'arrondisse- » ment duquel l'effet est payable. — 2. L'acte du dépôt con-

(1) Aujourd'hui la consignation doit avoir lieu à la caisse des dépôts et consignations à Paris, ou chez les receveurs-généraux dans les départements, chef-lieux d'arrondissement, d'après la loi du 28 avril 1816, et l'ordonnance du 3 juillet suivant.

» tiendra la date du billet, celle de l'échéance, et le nom
» de celui au bénéfice duquel il aura été originairement
» fait. — 3. Le dépôt consommé, le débiteur ne sera tenu
» qu'à remettre l'acte de dépôt en échange du billet (ou de
» l'obligation). — 4. La somme déposée sera remise à celui
» qui représentera l'acte de dépôt, sans autre formalité
» que la remise d'icelui et de la signature du porteur sur
» registre du receveur. — 5. Si le porteur ne sait pas écrire,
» il en sera fait mention sur le registre. — 6. Les droits at-
» tribués aux receveurs de l'enregistrement pour les pré-
» sents dépôts, sont fixés à un pour cent ; *ils sont dus par*
» *le porteur du billet* ».

Nous devons faire remarquer que la seule différence qui se trouve entre les formes déterminées par cette loi et celles qu'exigent les dispositions des art. 1258 et 1259 du Code civil, consiste en ce que le débiteur n'est point obligé de faire d'offres réelles au créancier ; mais la nature des choses ne le permet pas. Et quand même le législateur aurait voulu substituer de nouvelles dispositions à celles que contient la loi du 6 thermidor an III, il lui eût été impossible d'appliquer à la consignation, pour les lettres de change ou billets à ordre, toutes les formalités qu'exigent le Code civil et celui de procédure pour les dettes ordinaires, puisque le dernier porteur d'ordre est le créancier au domicile duquel, suivant les principes généraux, les offres devraient être faites. L'ignorance dans laquelle le débiteur est et doit nécessairement être de son nom et de sa demeure, rend cette condition impossible à remplir, à moins de faire ces offres ou la consignation au domicile porté par la lettre de change ; ce qui ne nous parait pas régulier, quoique les fonds soient censés faits à ce domicile, et ne pourrait point s'exécuter pour les billets à ordre.

Enfin nous devons dire que le terme diffère de la condition, en ce que la condition suspend l'engagement que doit former la convention. Le terme, au contraire, ne suspend pas l'engagement, il en diffère seulement l'exécution : comme, par exemple, lorsque le jour de l'échéance n'est pas indiqué d'une manière précise, mais seulement par l'indication d'un délai déterminé à compter de tel jour, d'ici à un mois, ou dans un mois à compter de ce jour ; faut-il compter aujourd'hui, ou faut-il commencer par compter le jour de demain ? L'usage s'est introduit de ne pas compter le *dies à quo*. Si donc le premier juillet il est dit : « dans dix jours à compter d'aujourd'hui », le délai expirera le onze.

C'est ici le cas d'exprimer l'*adage* si familier parmi nous, *qui a terme ne doit rien ;* et, par conséquent, ne peut être contraint au paiement avant l'échéance (1). Il est de principe que le terme est mis en faveur du débiteur ou de celui qui s'est obligé à faire une chose ; mais ce principe est censé avoir tout son fondement en la confiance du créancier sur la solvabilité de son débiteur. Si donc ce fondement vient à manquer, l'effet du terme cesse, et l'on peut agir en justice ; car un arrêt de la Cour Royale de Caen, rendu par la 4e chambre le 23 mai 1842 (2), a decidé que l'art. 1188 du Code civil, qui déclare déchu du bénéfice du terme le débiteur qui a fait faillite, s'applique également au cas de *déconfiture*. La déconfiture consiste, pour le NON commerçant, dans les mêmes circonstances que celles qui constituent l'état de faillite dans le commerce, c'est-à-dire par le concours de la cessation de paiements. Telle est en outre l'opinion de MM. Toullier et Duranton.

(1) *Voyez* SERRES, aux institut., liv. 3, tit. 16, § 2.
(2) *Voyez* DALLOZ, jurisprud. générale, tom. 42, 2e partie, p. 180.

La jurisprudence veut que la vente d'une portion quelconque des biens d'un débiteur, hypothéqués au paiement de la créance, rende exigible la totalité de la dette, quoiqu'excédant le prix de la vente. La Cour de Cassation a considéré cette aliénation comme diminuant le gage du créancier, et ayant l'effet de morceler le remboursement (1).

Le débiteur est encore déchu du terme, s'il ne peut donner les sûretés qu'il a promises par son obligation : comme, par exemple, si m'ayant promis une hypothèque, vous êtes dans l'impossibilité de m'en donner une suffisante, ou si la caution que vous m'avez annoncée refuse de répondre pour vous (2). Néanmoins il nous semble que les juges doivent considérer la bonne foi du débiteur, et l'admettre à donner aux créanciers des sûretés équivalentes. Enfin, quel que soit l'engagement des parties, l'on doit considérer que, si le créancier a accordé terme, il ne l'a fait que sur la foi de la solvabilité du débiteur. Dans tous les cas la déchéance du bénéfice du TERME ne s'applique qu'au terme accordé pour l'exécution d'une obligation, et NON au terme stipulé pour l'accomplissement d'une condition suspensive (3).

Dès-lors nous pensons qu'il faut concilier ce qu'exige l'humanité en faveur d'un débiteur malheureux, avec ce qu'exige aussi l'intérêt bien entendu du créancier. Il est dans l'esprit de la loi (4) qu'il ne soit point accordé de délais toutes les fois que le créancier serait exposé à perdre ; mais on a supposé un débiteur qui prouvant, par le tableau de la situation de ses affaires, qu'il est solvable,

(1) *Voyez* SIREY, tom. 10, 1re partie, pag. 159.
(2) *Voyez* bibliothèque du barreau, tom. 6, pag. 58.
(3) *Voyez* DALLOZ, jurisprudence générale, tom. 11, 2e part. p. 131.
(4) *Voyez* les dispositions des art. 1244, 1655, 1901 et 2212 du code civil.

demande un court délai pour une partie du paiement: dans ce cas, le juge peut le condamner pour la totalité, mais il graduera les termes du paiement. Cette interprétation est fortifiée par plusieurs lois romaines, notamment par la loi 21 ff., *de rebus creditis.*

Qu'on nous permette quelque réflexion sur les poursuites exercées *par voie d'exécution.* Dans ce cas même le juge peut surseoir à cette exécution, parce que l'art. 1244 du Code civil est conçu en termes généraux, et conséquemment s'applique au cas où l'obligation résulte d'actes notariés ou jugements. Vainement on objecterait que ces titres reçoivent leur vertu exécutive de la seule disposition de la loi, et qu'il n'est pas au pouvoir des juges d'en suspendre les effets ; cette conséquence ne serait exacte qu'autant que la loi, en donnant aux actes et jugements leur vertu exécutive, n'aurait pas confié aux juges le pouvoir d'en suspendre l'exécution, puisque le second alinéa de l'article que nous venons de citer porte dans sa disposition finale que *les juges peuvent surseoir aux poursuites, toutes choses demeurant dans l'état;* ce qui suppose nécessairement la préexistence d'actes exécutoires.

§ V.

Des obligations ALTERNATIVES (1).

Une obligation alternative est celle par laquelle quelqu'un s'oblige à donner ou à faire plusieurs choses, à la charge que le paiement d'une chose l'acquittera de tout, comme si je me suis obligé de vous donner un cheval ou 300 fr., ou bien si je me suis obligé de vous bâtir une maison ou de vous donner 1,200 fr.

(1) *Voyez* les dispositions des art. 1189 et suiv. du code civil.

Pour qu'une obligation soit alternative, il faut que deux ou plusieurs choses aient été promises sous une condition *disjonctive*. Si, au contraire, les choses ont été promises sous une *conjonctive*, il y a autant d'obligations que de choses, et le débiteur n'est totalement libéré que par le paiement de TOUT. Mais lorsque les choses ont été promises sous une convention *alternative*, il n'y a qu'une seule obligation, et le débiteur a le choix de la chose qu'il voudra payer ; parce qu'il peut invoquer la règle suivant laquelle ce qui, dans un contrat, est incertain s'interprète en faveur de celui qui doit ; mais il en serait autrement, s'il était convenu que le créancier aurait le choix (1). Dans ce cas, ce dernier doit manifester ce qu'il désire aussitôt qu'il est en droit de l'exiger ; à défaut, le débiteur peut le forcer en justice d'accepter ce qu'il lui offre.

Ainsi donc, le débiteur peut payer l'une des choses qu'il voudra; seulement il ne peut payer partie de l'une et partie de l'autre : par exemple, si je m'oblige de vous donner 30 fr. ou un sac de blé, je ne pourrai pas vous donner la moitié de cette somme et la moitié du setier de blé ; il faut que je vous donne, ou toute la somme, ou toute la quantité de blé. Il en est de même du créancier : il ne peut exiger partie d'une chose et partie de l'autre (2).

Dans les rentes ou pensions, le débiteur peut choisir chaque année l'une des deux choses : par exemple, si je dois une rente de 30 fr. ou d'un sac de blé, je puis payer la premiere année 30 fr., et la seconde année le sac de blé, et *vice versâ*.

Il suit de ce que nous venons de dire, que les choses comprises dans une obligation alternative sont toutes pures,

(1) *Voyez* DOMAT, tom. 1er, pag. 59, 17.
(2) *Voyez* les dispositions de l'art. 1191 du code civil.

sans néanmoins qu'elles soient dues déterminément ; et pour que la demande du créancier soit régulière, il doit demander les deux choses, non pas à la vérité conjointement, mais sous l'alternative qu'elles lui sont dues. S'il demandait seulement une de ces choses, sa demande ne serait pas régulière, parce que aucune des deux ne lui est due déterminément ; mais si le choix appartenait au créancier, il pourrait demander seulement l'une des deux choses.

Lorsque plusieurs choses sont dues sous une alternative, l'extinction de l'une de ces choses n'éteint point l'obligation, car toutes étant dues, l'obligation subsiste dans celles qui restent, et elles ne peuvent cesser d'être dues que par le paiement. Mais, si l'une des deux choses dues sous l'alternative est périe, le débiteur n'est pas recevable à offrir le prix de la chose qui est périe pour éviter de payer celle qui a resté, car la chose qui est périe n'existant plus n'est plus due ; celle qui reste est par conséquent la seule qui puisse être payée (1). Nous rendons justice, à cet égard, aux principes rigoureux du droit que le législateur a posés dans la loi qui régit la matière qui nous occupe.

Enfin nous dirons que, si l'une des choses est périe sans la faute du débiteur, le créancier peut exiger celle qui reste ; il ne peut réclamer le prix de celle qui est périe, parce qu'elle a cessé d'être l'objet de l'obligation, sans que le débiteur ait manqué à la bonne foi (2). Mais si ce dernier est en faute à l'égard de l'une des choses, le créancier ne peut demander que le prix de cette chose, à moins qu'elle ait péri par cas fortuit, car dans ce cas le débiteur est libéré de l'obligation de la livrer, même d'en payer la va-

(1) *Voyez* Pothier, tom. 1, pag. 215, nº 250 et suivants.
(2) *Voyez* les dispositions de l'art. 1302 et suiv. du code civil.

leur. Il en est de même, si les deux choses ont péri par ce cas ou par un événement de force majeure, avant que l'option ait été déclarée ; alors il n'y a plus de contrat.

Nous pourrions traiter encore, dans ce paragraphe, des obligations facultatives et indéterminées ; mais il suffit de les énoncer pour se fixer. En effet, dans l'obligation facultative il n'y a réellement qu'une chose due ; quant à ce qui est indéterminé, il est évident que ce ne peut être l'objet d'une obligation.

§ VI.

Des obligations avec clause solidaire (1).

Une des conditions essentielles pour que l'obligation soit solidaire, est qu'elle soit *une* par rapport à la chose qui en est l'objet, quoique par rapport aux contractants l'on puisse dire qu'il y a autant d'obligations distinctes qu'il y a de cocréanciers ou de codébiteurs. D'où il résulte que cette obligation peut être contractée différemment à l'égard de chacun d'eux, sans cesser pour cela d'être solidaire, pourvu que la chose due soit toujours la même : ainsi elle peut être alterne ou sous condition à l'égard de l'un, et pure et simple à l'égard de l'autre. Il est de principe que par l'obligation solidaire entre débiteurs, le premier s'engage à payer ce que doit le second, et le second ce que doit le premier. Il suit de là que, tant que l'obligation primitive subsiste pour l'un, elle subsiste également pour l'autre; et l'interruption de la prescription par un des créanciers profite à tous les autres, de même que l'interruption vis-à-vis un des codébiteurs préjudicie à tous les autres ; et si l'un des créan-

(1) *Voyez* les dispositions de l'art. 1197 et suivants ; 1219 et 2028 du code civil.

ciers était mineur, la prescription ne courrait contre aucun des autres jusqu'à sa majorité.

La solidarité entre les débiteurs ou les créanciers ne se présume pas, il faut qu'elle soit expressément stipulée par écrit ; il y a cependant des cas où la loi la prescrit de plein droit, car, lorsqu'en réparation d'un délit commis par plusieurs, les tribunaux adjugent des dommages-intérêts et des dépens, la solidarité peut être prononcée même quant aux dépens (1). Nous disons quant aux dépens, parce que les dispositions de l'art. 1202 du Code civil ne peuvent se rapporter qu'aux conventions et non aux condamnations aux dépens qui ne sont jamais fondés sur des conventions.

La jurisprudence veut qu'on ne puisse point admettre la solidarité par induction ou par des présomptions, ni recevoir la preuve que les parties ont entendu s'obliger solidairement, les conventions devant toujours s'interpréter en faveur de l'obligé.

Nous devons faire observer qu'il y a des cas où toutes les parties sont naturellement obligées ; ainsi, par exemple, le vendeur et l'acheteur sont obligés *solidairement* envers le notaire qui a passé le contrat, pour le paiement tant des honoraires que pour les frais d'enregistrement et de transcription. Il en est de même lorsqu'un notaire ou un avocat a fait un travail qui tourne au profit ou à l'avantage commun de toutes parties.

Comme la solidarité est l'obligation imposée à plusieurs débiteurs de payer, un seul pour tous, la totalité de la dette ; néanmoins la loi veut que, dans les sociétés autres

(1) *Voyez* les dispositions des art. 1202 du code civil, et 55 du code pénal, dont l'un fait exception à l'autre.

que celles de commerce, les associés ne soient pas tenus *solidairement* des dettes sociales, parce que les biens composant l'actif d'une société sont affectés, par privilége, au paiement des créances de la société, à l'exclusion des créanciers particuliers de l'associé.

Enfin tous ceux qui ont signé, accepté ou endossé une lettre de change, sont tenus à la garantie *solidaire* envers le porteur; mais la remise que le créancier fait à l'un de ses débiteurs solidaires opère division, et l'obligation est ÉTEINTE pour la portion dont était tenu le débiteur à qui la remise a été faite. A cet égard les dispositions de l'art. 1215 du Code civil méritent d'être consultées, parce qu'il peut arriver qu'après cette remise un des codébiteurs devienne insolvable, et que dès-lors il nous paraît que le créancier aurait encore le droit de réclamer, n'ayant promis à celui qu'il a déchargé en faisant la remise, que de ne point exiger de lui la dette entière.

§ VII.

Des obligations DIVISIBLES *et* INDIVISIBLES.

Pour se fixer sur les principes relatifs à la divisibilité ou à l'indivisibilité des obligations, il faut remarquer qu'il ne peut y avoir lieu (le plus souvent) à aucune question à cet égard, tant que le débiteur et le créancier sont tous deux vivants. Mais quelque divisible que soit la dette, le débiteur ne peut l'acquitter partiellement sans le consentement du créancier, à moins que cela n'ait été expressément convenu dans l'origine, ou autorisé par justice.

On connaît néanmoins le principe que les dettes tant actives que passives se divisent de plein droit entre les héritiers. Ce principe reçoit quelque exception dans certains cas que les dispositions de la loi (1) règlent, et il cesse lorsqu'une obligation est opposée par voie d'exception. Par exemple, l'obligation de garantie résultant de la vente d'un immeuble est *indivisible*, lorsqu'elle est opposée par voie d'exception contre la demande formée par l'un des héritiers du vendeur en revendication de l'immeuble vendu. Ici on peut considérer qu'il a été dans l'intention des parties de rendre cette obligation indivisible ; d'ailleurs la Cour de Cassation s'est prononcée à cet égard, le 18 février 1811, et cette jurisprudence n'a point changé depuis lors.

Il est certain que l'indivisibilité résulte de la nature même de la chose due, et les obligés ne sont tenus chacun pour le tout qu'à cause de l'impossibilité de la division.

A l'égard du *serment* imposé à des cohéritiers, il est indivisible. Un arrêt de la cour de Colmar, du 5 mai 1819, porte que le refus de l'un des cohéritiers de prêter serment donne lieu à la déchéance contre tous. Il en serait autrement, si ce refus a lieu par des motifs particuliers ou par un intérêt personnel (2). Ainsi l'indivisibilité n'a lieu qu'à l'égard des héritiers d'un débiteur ; mais si au contraire le créancier est mort, la créance se divise de plein droit entre les héritiers, dont chacun ne peut demander que sa part (3).

§ VIII.

Des obligations avec clause pénale.

Notre législation à l'égard des obligations avec clause pénale est fort claire (4) ; aussi nous allons nous borner à dire quelques mots sur l'ensemble de ce paragraphe. On

(1) *Voyez* les dispositions des art. 1217 et 1218 du code civil.
(2) *Voyez* journal du Palais de 1820, tom. 2, pag. 154.
(3) *Voyez* Dalloz, jurisprud. générale, tom. 9, pag. 168.
(4) *Voyez* les dispositions de l'art. 1226 et suiv. du code civil.

www.ingramcontent.com/pod-product-compliance
Ingram Content Group UK Ltd.
Pitfield, Milton Keynes, MK11 3LW, UK
UKHW021142260726
13994UKWH00001B/265